La culture française dans le monde

1980-2000

Les défis de la mondialisation

© L'Harmattan, 2010
5-7, rue de l'Ecole polytechnique, 75005 Paris

http://www.librairieharmattan.com
diffusion.harmattan@wanadoo.fr
harmattan1@wanadoo.fr

ISBN : 978-2-296-11876-8
EAN : 9782296118768

François Chaubet (dir.)

La culture française dans le monde

1980-2000

Les défis de la mondialisation

Préface de Jean-Pierre Rioux

L'Harmattan

Collection « Inter-National »
dirigée par Denis Rolland avec
Joëlle Chassin, Françoise Dekowski et Marc Le Dorh.

Cette collection a pour vocation de présenter les études les plus récentes sur les institutions, les politiques publiques et les forces politiques et culturelles à l'œuvre aujourd'hui. Au croisement des disciplines juridiques, des sciences politiques, des relations internationales, de l'histoire et de l'anthropologie, elle se propose, dans une perspective pluridisciplinaire, d'éclairer les enjeux de la scène mondiale et européenne.

Série générale (dernières parutions) :

Jean-René GARCIA, *La Bolivie, Histoire constitutionnelle et ambivalence du pouvoir exécutif,.*
Christian SCHÜLKE, *Les usages politiques du passé dans les relations germano-polonaises.*
M. Hobin, S. Lunet, *Le Dragon taiwanais : une chance pour les PME françaises.*
A. Martín Pérez, *Les étrangers en Espagne.*
A. Ceyrat, *Jamaïque. La construction de l'identité noire depuis l'indépendance.*
D. Cizeron, *Les représentations du Brésil lors des Expositions universelles.*
D. Rossignol, *Air France. Mutation économique et évolution statutaire.*
D. Rolland & D. Aarão Reis Filho (dir.), *Modernités alternatives. L'historien face aux discours et représentations de la modernité.*
A. Bachoud, J. Cuesta, M. Trebitsch (dir.), *Les intellectuels et l'Europe de 1945 à nos jours.*
G. Quagliariello, *Gaullisme. Une classification impossible.*
J. Faure et D. Rolland (dir.), *1968 hors de France.*
A. Purière, *Assistance et contrepartie. Actualité d'un débat ancien.*
R. Guillot, *La chute de Jacques Cœur. Une affaire d'État au XVe siècle.*
G. Brégain, *Syriens et Libanais d'Amérique du Sud (1918-1945).*
F. Bock, G. Bührer-Thierry, S. Alexandre (textes réunis et établis par), *L'échec, objet d'histoire.*
C. Collin Delavaud, *Les 1001 routes de la Soie.*
A. Bergeret-Cassagne, Les bases américaines en France : impacts matériels et culturels, 1950-1967.

Sommaire

Préface 7

Introduction 11

I. Acteurs 17

Les acteurs de l'action culturelle extérieure 19

Entre protectionnisme et ouverture sur le grand large : la politique culturelle extérieure conduite par Jack Lang entre 1981 et 1993 33

L'Alliance Française (1980-2006) : une réussite discrète 53

L'AUF et la coopération universitaire francophone 69

D'ÉduFrance à CampusFrance (1998-2008)
Agence de services ou instrument d'une politique publique ? 79

II. Domaines 93

Le livre français à l'étranger de la loi Lang à nos jours 95

La position de la France face à la mondialisation de l'offre artistique 111

À l'étranger, promouvoir non seulement le cinéma français, mais l'« idée française du cinéma » 127

La télévision dans l'action audiovisuelle extérieure de la France : entre tensions et contradictions 135

La Bibliothèque nationale de France et sa politique extérieure 147

Le savoir dans la mondialisation : Sciences Po dans la mondialisation des institutions d'enseignement supérieur 161

III. Réalités de terrain 173

Image et politique culturelle de la France en Europe centrale depuis les années 1980 175

Du paradigme culturel au paradigme normal L'image de la France en Amérique latine depuis 1980 197

Interventions 225

Diplomatie culturelle au quotidien, ombres et lumières 225

« Donner à l'autre et recevoir de l'autre » : l'exemple de la politique artistique à Londres au milieu des années 2000 menée par l'Ambassade de France 229

Être directeur d'Alliance française 235

Être sur le terrain : le rôle d'un ancien ambassadeur 243

Les auteurs 251

Préface

Jean-Pierre Rioux

Ce livre gaillardement forgé par François Chaubet fait mesurer l'ampleur d'une interrogation proprement française : ce pays, si longtemps tenu pour une patrie privilégiée de la culture, manquerait-il aujourd'hui d'imagination et de vitalité au point de négliger voire d'abandonner son atavique ambition culturelle ? Va-t-il cesser de brandir ce qui fut un étendard de sa grandeur à l'extérieur et une marque très haute de sa vocation nationale ? Va-t-il même disparaître de la carte du monde, à l'heure de la grande bataille des idées, des savoirs[1] et des projets que les alarmes de crise rendent aussi farouche que vitale ? En ce sens, les études historiques qu'on va lire rejoignent, hélas, de récents cris d'alarme et elles les renforcent singulièrement[2].

Le mérite, non pas supplémentaire mais premier, des recherches présentées ici est de nous inviter, pour mieux diagnostiquer l'état langueur et envisager à temps d'apprendre à le traiter, à lier l'interne et l'externe, le national et l'international, la vocation publique et supposée collective

---

[1] Voir le rapport mondial de l'UNESCO, *Vers les sociétés du savoir*, Éditions UNESCO, 2005.
[2] Après, notamment, Antoine de Baecque, *Crises dans la culture française*, Bayard, 2008 ; Donald Morrison, *Que reste-t-il de la culture française ?*, suivi d'Antoine Compagnon, *Le souci de la grandeur*, Denoël, 2008 ; Nicolas Tenzer, *Quand la France disparaît du monde*, Grasset, 2008 ; François Taillandier, *La langue française au défi*, Flammarion, 2009.

des politiques culturelles et le repli privé et de plus en plus personnel des espérances et des consommations culturelles. On lira ici des adaptations réussies, et dans le monde entier ; là, des imbroglios qui glacent des continents entiers ; à l'occasion, des questionnements plus qu'incisifs sur la langue française et la francophonie ; partout, des embarras financiers récurrents qui découragent. Surtout, plus rude et bien plus inquiétant constat, c'est le pilotage, l'ambition, la volonté et l'intelligence qui semblent trop souvent à la cape. Sans parler des institutions, des gestionnaires et des élites supposées, qui ne sortent pas indemnes de ces études étonnamment rétroactives. Et Nicolas Tenzer, qui vient de faire sur ces questions un rapport accablant au quai d'Orsay, pourrait allonger la liste des inquiétudes rapportées par nos chercheurs. Car, de surcroît, tout se joue aujourd'hui, nous dit-il, autour de la force comparée des nations à s'inscrire dans le maillage mondial du savoir et de la recherche, dans la conquête des marchés d'expertise, dans la remise en ordre offensif de leurs ambassades et établissements à l'étranger, dans la formation de leurs élites à l'international, qui doivent être capables d'agir à la fois dans le global et le pluriel.

À dire vrai, la panne des initiatives et la crise de confiance semblent venir du plus profond du pays émetteur. Le raisonnement, dès lors, devient affreusement simple. Si, comme vient de le rappeler Antoine de Baecque, la culture n'est plus vue en France comme un bien commun, pourquoi nous-mêmes, nos élites et nos représentants tiendrions-nous mordicus à nous faire exportateurs, représentants, ambassadeurs, coopérants, compétiteurs, demain comme hier ? Et le voudrons-nous encore en acceptant, de surcroît, d'en rabattre fortement à propos de sens de l'excellence, notre intelligence du monde comme il va, notre activation démocratique des offres et des demandes culturelles, nos enseignements aux plus jeunes de la quête de soi et de la quête du sens ?

Là-bas comme ici, nous voici au milieu du gué. Un sondage l'a confirmé[1]. Les personnes interrogées sur les éléments constitutifs de l'identité française mêlent dans leurs réponses l'ancien et le nouveau, sans les hiérarchiser encore assez clairement pour pouvoir songer à sortir du pré carré et des querelles intestines. Mais la tendance générale est déjà éloquente. Les principes les moins cités ou supposés les moins constitutifs ? L'héritage chrétien (12 % du total des réponses), la capacité d'intégration des diversités culturelles et ethniques (33 %), la laïcité (44 %), la culture et le patrimoine (48 %). Les principes, les éléments ou les valeurs supposés les plus actifs ? Le système de protection sociale (62 %), la langue française (68 %) et les droits de l'homme (71 %).

Autrement dit, si les chiffres sont confirmés, l'action culturelle française et francophone ne sortira de ses difficultés qu'en inventant les nouveaux équilibres qui valoriseront (sans les survaloriser) ces trois derniers éléments. Chiche ?

---

[1] Sondage TNS SOFRES, *La Croix* du 24 novembre 2009.

Introduction

François Chaubet

En titrant sur la « mort de la culture française », le *Time Magazine* du 29 novembre 2007 a relancé une nouvelle fois la question du rayonnement culturel de la France dans le monde. Mais, quelques mois auparavant, les gazettes, remplies par l'actualité du « Louvre à Abou Dhabi », laissaient après tout résonner un autre son de cloche. Peu de sujets en effet, à l'égal de celui-ci, touchent au plus profond des représentations que la France se donne d'elle-même et de sa capacité à parler au reste du monde. Et il est vrai que, par le biais de la circulation de sa langue et de ses idées dans les cercles cultivés depuis le XVIIe siècle, par l'exportation de sa peinture au XIXe siècle et de ses films au XXe siècle, par la diffusion précoce de ses institutions culturelles à l'étranger avant 1914 (Instituts français), la France a jeté le meilleur de ses forces dans l'affirmation d'un messianisme politico-culturel qui l'a exhaussée en permanence au-dessus d'elle-même. Disons-le sans fierté excessive et déplacée : jusqu'aux années 1960, elle fut, peut-être, la nation le plus aimée et la plus admirée au monde en vertu de l'universalisme de son message politico-culturel, de cette combinaison, paradoxale, de référence grecque à un art de vivre associée à un humanisme chrétien (puis révolutionnaire) soucieux du salut des « misérables » (Saint-Just).

Pourtant, régulièrement, les moments de doute dus aux diverses pannes historiques (1870, 1940) ont frappé au plus profond cette confiance. Et, depuis une trentaine d'années, dans un monde globalisé, ce vieux pays semble connaître les tourments du découragement et s'interroger sur la qualité de ses messages et sur leur réelle diffusion à l'heure des industries culturelles triomphantes, souvent d'origine anglo-saxonne. Un romantisme du désespoir assaille beaucoup de bons esprits qui, jugeant la France dépossédée de son privilège d'être le « tout » dans l'univers des mots et des sentiments, décrètent qu'elle n'est plus « rien » aux yeux du monde. Ce livre a voulu reprendre le problème de manière plus raisonnée et réfléchir sereinement aux conditions dans lesquelles l'action culturelle française et francophone a traversé le grand fleuve de la mondialisation durant les trente dernières années. Dans ce monde neuf, où les techniques de communication réduisent la planète entière à un grand « village » urbain, la comparaison s'exerce en permanence, et les vieilles et nobles réputations de prestige culturel doivent être désormais justifiées de manière très concrète.

En rassemblant des contributeurs aux compétences variées et complémentaires, des universitaires et des praticiens de l'action culturelle (au Quai d'Orsay, à l'Alliance Française) pour l'essentiel, cet ouvrage a cherché à offrir une esquisse de panorama sur la question. Parfois, on le verra, des divergences ont été exprimées, des discours plus pessimistes ont voisiné avec des considérations plus sereines.

Trois points peuvent être dégagés au fil des textes. L'un touche aux modalités de l'adaptation réussie par les acteurs ; l'autre, au contraire, renvoie aux problèmes récurrents, financiers notamment, qui fragilisent cette disposition à maîtriser les récentes évolutions ; enfin, certains textes, plus réflexifs et prospectifs, font entendre toute une série d'interrogations dont, par exemple, celle sur la promotion de la langue française ou celle sur le pilotage de l'action culturelle.

Toute une série de contributions donnent à voir d'abord les éléments de renouvellement en trente ans de l'action culturelle française et francophone et la progression de diverses données quantitatives. Ainsi, Jean-Yves Mollier illustre l'expansion du livre français à l'étranger. Paul Ardenne note le processus d'exportation du savoir-faire français en matière de musée. L'Alliance Française, quant à elle, a dépassé les 400 000 étudiants au début du XXIe siècle. Les étudiants étrangers en France ont repris le chemin de l'Hexagone ainsi que l'indiquent Francis Vérillaud (pour Sciences-Po) ou André Siganos. Enfin, en suivant ici Guy Lochard, une dernière réussite tient à l'apparition d'un audiovisuel français et francophone (TV5, France 24) qui a réussi à s'imposer en face des acteurs anglo-saxons.

Quelles en sont les raisons ? On peut évoquer tout d'abord la professionnalisation accrue des acteurs culturels. Jean-Michel Frodon revient ici sur l'importance des attachés audiovisuels au sein des ambassades afin d'aider la promotion du film français. François Chaubet observe pour l'Alliance Française l'amélioration générale d'un dispositif rendu plus efficace grâce à une politique de mutualisation des expériences et de constante formation continue des professeurs. André Siganos évalue de même pour Campus France la lente amélioration de cet organisme après un premier départ raté. Une deuxième raison de ces succès quantitatifs tient à la montée des financements propres, qu'il s'agisse de l'Alliance Française, de l'Agence française de l'enseignement à l'étranger ou de beaucoup de Centres culturels dépendants du ministère des Affaires étrangères ainsi que l'explique Alain Lombard. La création en 2007 d'une « Fondation » Alliance Française traduit ainsi la volonté de cette association d'exercer un pilotage beaucoup plus actif de son vaste réseau aux plus de mille filiales. Une troisième façon de considérer les raisons de cette progression porte à s'interroger sur la géographie de l'action culturelle française : celle-ci s'efforce-t-elle de s'implanter dans les nouvelles zones de dynamisme économico-démographique ? Or, le Quai d'Orsay a accepté de fermer des Instituts ou Centres culturels en Europe pour en ouvrir en Asie et l'Alliance Française, traditionnellement tournée vers l'Amérique latine, a connu une réorientation de son réseau vers ce continent et aussi vers l'Afrique.

Le bilan ne peut toutefois s'arrêter sur ces seules réussites. D'autres contributions ont jeté l'alarme sur toute une série de problèmes. Le premier d'entre eux concerne la faiblesse structurelle des budgets du Quai d'Orsay. Antoine Marès note ainsi pour l'Europe centrale l'incapacité française à suivre une politique ambitieuse, une fois les premiers efforts consentis après 1989, faute de matière sonnante et trébuchante. Denis Rolland, pour l'Amérique latine, constate la disproportion flagrante des budgets français et américain quand il s'agit de mener des politiques de coopération universitaire. La « masse critique » financière en matière culturelle s'avère donc aussi difficile à mobiliser que dans certaines enceintes dévolues au développement, par exemple, où la France ne parvient plus à peser[1]. Un autre grand problème fait entrer en jeu les hommes et les structures administratives qui autorisent leurs actions. Si le métier de diplomate, et particulièrement de « diplomate culturel » ne s'apprend ni à l'ENA ni dans une quelconque officine en vase clos, n'en demeure pas moins la nécessité d'une professionnalisation de plus en plus poussée des compétences. Surtout dans certains domaines très « pointus » tel le marché de l'art. Sophie Claudel, à travers son évocation du marché artistique londonien, signale les limites d'une action culturelle classique qui voudrait assurer la « diffusion » de l'art français sans se préoccuper des attentes formulées par les professionnels britanniques. Paul Ardenne jette aussi quelques flèches acérées sur les pratiques parfois

---

[1] Voir Nicolas Tenzer, *Quand la France disparaît du monde*, Paris, Grasset, 2008.

bureaucratiques et peu professionnelles de l'Agence française pour l'action artistique (devenue CulturesFrance). Les directeurs d'Instituts ou de Centres culturels sont-ils toujours bien choisis, et ne fait-on pas jouer, là comme ailleurs, des recommandations par trop politiques ? Enfin, il y aurait à identifier une dernière source de difficultés où se pose la question de la concurrence mondiale entre les propositions, qu'il en aille de l'art contemporain où la France a manifestement décroché, ou de l'audiovisuel où la copie d'un modèle (CNN en l'occurrence) a peut-être pénalisé le message français et francophone.

À un tel bilan des ombres et lumières de l'action culturelle, il faudrait ajouter enfin une dernière série de propositions, plus interrogatives, qui filtrent de telles et telles communications, et qui dessinent en pointillés les chemins possibles à parcourir. Une grande difficulté – une des plus grandes sans doute – revient peut-être à se demander non pas « qui pilote », mais piloter avec quel « plan de vol » ? Que veut dire aujourd'hui la France ? Et à qui doit-elle s'adresser en priorité ? Laurent Martin, qui étudie ici la politique extérieure menée par le ministère de la Culture sous Jack Lang, évoque les contours méditerranéens de l'action voulue par le ministre. Michèle Gendreau-Massaloux, en abordant l'immense question de la Francophonie, plaide pour une action mondialisée originale. Mais le pays, et en premier lieu ses élites, a-t-il toujours conscience des problèmes et la volonté d'y apporter quelques solutions créatrices ? La résignation à un lent et doux déclin flotte parfois dans l'air.

Cependant, s'il est un terrain où la perte s'avère malheureusement brutale, c'est bien celui de la langue française. L'interrogation porte ainsi sur la capacité de la langue française à résister, non pas à l'anglo-américain (la question a été tranchée) mais à la montée d'autres grands idiomes, aujourd'hui l'espagnol et le chinois, le portugais demain. En Amérique latine, la montée du portugais fragilise d'ores et déjà le français ; ici une stratégie en faveur de l'enseignement des « langues romanes » paraît nécessaire pour enrayer le déclin, et là, comme en Europe, l'action doit être menée afin de permettre l'enseignement d'au moins deux langues.

Enfin, à l'heure de nouveaux sacrifices budgétaires induits par la Révision générale des politiques publiques, la fin mise à l'expérience des attachés audiovisuels ne laisse pas d'inquiéter. Il est bon, peut-être, d'en rabattre sur le messianisme à la Bernanos – « ah Français, si vous saviez ce que l'étranger attende vous » – mais faut-il pour autant se mutiler soi-même en se bornant à une vision purement comptable des choses ? Quand les ambassadeurs n'ont pas les moyens d'offrir un billet d'avion et la prise en charge d'un séjour à un expert ou à un grand universitaire susceptibles de prendre d'utiles contacts avec les élites locales correspondantes, la misère matérielle devient le grand éteignoir des meilleures volontés.

Puisse la lecture de ce livre, à la fois informer le lecteur sur des sujets ordinairement dispersés dans des publications rangées sur des étagères différentes, l'instruire sur des problèmes peu perçus par les non-spécialistes et l'amener ainsi à méditer, pour son compte, sur la partition française et francophone qu'il sera possible d'entendre dans le concert du monde actuel.

I. Acteurs

Les acteurs de l'action culturelle extérieure

Alain Lombard

L'organisation de l'action culturelle extérieure de la France a fait l'objet de réformes très nombreuses au cours de ces dernières années. De nouvelles évolutions importantes sont aujourd'hui en préparation. Il peut néanmoins être intéressant, en ouverture de ces réflexions sur l'action culturelle extérieure, de rappeler les solutions qui ont prévalu jusqu'ici, d'indiquer qui fait quoi en matière de conduite et de mise en oeuvre de la politique culturelle extérieure de la France, tout en soulignant les évolutions envisageables.

Une double précision s'impose à titre préliminaire. Nous ne prendrons ici en compte que les acteurs publics nationaux de l'action culturelle extérieure de la France. Au sens large du terme, les acteurs de l'action culturelle extérieure sont extrêmement variés, puisqu'ils comprennent notamment les organisations internationales, les collectivités locales, les fondations, et bien sûr les artistes, les institutions culturelles et les entreprises culturelles : le rôle de nombre de ces acteurs est tout à fait fondamental, et l'est sans doute de plus en plus, particulièrement en ce qui concerne les collectivités locales, mais le rôle des acteurs publics nationaux reste important, et mérite une étude particulière. D'autre part nous ne prétendons pas qu'aborder l'action culturelle extérieure par le biais de ses acteurs soit le meilleur angle d'approche possible. On se complaît trop souvent en France à multiplier les réformes de structures en privilégiant la forme sur le fond. Mais l'approche par les acteurs permet une présentation simple et pédagogique des problématiques.

Trois niveaux d'acteurs de la politique culturelle extérieure peuvent être étudiés successivement : les pilotes (les décideurs de cette politique), les opérateurs (qui mettent en œuvre au niveau central cette politique), et le réseau culturel extérieur (qui la met en œuvre sur le terrain). À chacun de ces niveaux, les interrogations ne manquent pas. Les pilotes sont-ils à même d'assumer cette mission ? Les opérateurs vont-ils prendre plus d'importance ? Le réseau culturel extérieur est-il à réformer profondément ?

I. Les pilotes : un ministère des Affaires étrangères en pleine réforme

Qui pilote la politique culturelle internationale de la France ? C'est actuellement sans aucun doute le ministère des Affaires étrangères, même si celui de la Culture et de la Communication a développé son action dans ce domaine, et si de nombreuses questions se posent sur la volonté du ministère des Affaires étrangères de continuer à mener une action culturelle extérieure ambitieuse.

Il convient d'abord de préciser que la hiérarchie de nos institutions publiques donne dans ce domaine comme dans les autres une place éminente au chef de l'État. Celui-ci peut effectivement prendre des initiatives significatives en matière de relations culturelles internationales : c'est à ce niveau qu'ont pu être décidés le prêt de la Joconde aux États-Unis, la restitution d'archives anciennes à la Corée, ou l'organisation d'Années croisées France-Chine par exemple.

Il ne faut pas négliger non plus le rôle du Parlement, notamment à travers le vote des lois de finances ; ce rôle n'est pas que théorique, comme l'a montré par exemple le vote intervenu sur le budget de CulturesFrance en 2007, où une forte amputation des crédits de cette association a été décidée par le Parlement contre l'avis du gouvernement. De nombreux rapports parlementaires ont été récemment émis sur des questions concernant la politique culturelle internationale, tels le rapport d'Yves Dauge en 2001 et le rapport d'Adrien Gouteyron en 2008 sur le réseau culturel extérieur. Un nouveau rapport des sénateurs Jacques Legendre et Josselin de Rohan sur la réforme de l'action culturelle extérieure est encore intervenu en juin 2009.

Mais, au sein du gouvernement, c'est le ministre des Affaires étrangères (MAE) qui, sous l'autorité du premier ministre, pilote la politique culturelle internationale de la France. Cela aurait aussi pu être le ministre de la Culture. C'est d'ailleurs le choix de plusieurs pays, tels que la Chine ou le Vietnam (qui veut ouvrir un centre culturel à Paris). En France ce fut la volonté de plusieurs ministres de la culture : André Malraux, Jack Lang, ou Jacques Toubon y ont songé. Mais la prérogative du MAE a toujours été conservée, au nom d'une volonté de cohérence de l'action extérieure de la France (qui est privilégiée par rapport à la cohérence de l'action culturelle), et en se fondant sur un texte datant de l'an VIII (et donc un peu ancien tout de même !) donnant l'exclusivité des rapports avec l'étranger au MAE. Le rapport Gouteyron de 2008 repose le problème, et penche pour une implication plus forte du ministère de la Culture et de la Communication (MCC).

Celui-ci n'est pas totalement absent du champ de l'action culturelle internationale. La lettre de mission adressée par Nicolas Sarkozy à Christine Albanel mentionnait ainsi explicitement plusieurs compétences internationales. Le rôle croissant du ministère de la Culture dans ce domaine s'explique notamment par l'internationalisation générale croissante des activités culturelles et en particulier des industries culturelles (que gère le ministère de la Culture), par la montée en puissance de l'Europe de la culture (portée par les ministères de la Culture), et par la volonté croissante de réciprocité dans le domaine des relations culturelles internationales (or le ministère de la Culture est mieux placé pour l'accueil des cultures étrangères).

Il faut mentionner en outre le rôle international particulièrement important des établissements publics dépendant du ministère de la Culture tels que la Bibliothèque nationale de France ou le musée du Louvre, qui mène par exemple une opération de coopération internationale exceptionnelle à Abou Dhabi.

Il n'en reste pas moins que le rôle du MAE est incontestablement prépondérant. C'est le seul à disposer d'agents et d'établissements culturels à l'étranger (à l'exception de la Villa Médicis, seul établissement culturel à l'étranger dépendant du ministère de la Culture), et il mobilise plus de 80 % des crédits destinés à l'action culturelle extérieure de la France (on trouve en seconde position le ministère de l'Éducation nationale, qui contribue davantage à l'action culturelle internationale que le ministère de la Culture).

Les interrogations ne portent donc guère sur la primauté du MAE. Elles portent plutôt sur la manière dont le MAE s'acquitte de cette mission de pilotage : les structures, les méthodes, les objectifs. L'intervention de l'État dans le domaine culturel international est ancienne, directe, centralisée, diversifiée, et forte : ces différentes caractéristiques ont forgé une sorte de « modèle français » de politique culturelle internationale, qui est aujourd'hui remis en cause.

À l'origine (après les temps héroïques des pionniers) existait au sein du ministère des Affaires étrangères un simple bureau des écoles et des œuvres françaises à l'étranger, créé en 1909, avec deux agents. Puis on a vu la création de la Direction générale des relations culturelles et des œuvres françaises à l'étranger en 1945 (avec la première utilisation du mot culture dans un texte officiel). Cette DG ne cesse de grandir (elle s'élargit à la coopération scientifique et technique puis à l'audiovisuel) pour aller très au-delà de l'expansion de la langue française. Elle absorbe le ministère de la coopération en 1999 pour devenir la DGCID, direction générale de la coopération internationale et du développement, qui compte plusieurs centaines d'agents et gère plusieurs milliards d'euros de budget.

Les missions de cette direction générale étaient larges : elles concernaient la définition et la mise en oeuvre de la politique d'influence et de solidarité menée par la France dans les domaines culturel, scientifique, universitaire et technique. Une Direction de la coopération culturelle et du français était plus particulièrement compétente pour la politique culturelle et linguistique, aux côtés notamment d'une Direction de l'audiovisuel extérieur.

Mais les interrogations se sont multipliées sur le « modèle français » de diplomatie culturelle : la nécessité d'une intervention moins directe et moins centralisée a été mise en avant (multiplication des partenariats, ouverture, décentralisation des interventions), tandis que se ressentait une difficulté à maintenir une intervention forte et diversifiée.

La Révision Générale des Politiques Publiques et le Livre blanc sur l'action extérieure de la France ont réaffirmé la légitimité d'une action culturelle extérieure forte, mais ont préconisé un certain nombre de réformes allant dans le sens d'une meilleure efficacité, d'une réduction des effectifs de l'administration centrale, d'une concentration sur l'orientation stratégique, et d'une meilleure prise en compte des enjeux globaux.

Une nouvelle Direction générale, au champ plus ambitieux encore, la Direction générale de la mondialisation, du développement et des partenariats, s'est substituée en mars 2009 à la DGCID. En son sein, une direction aux effectifs et aux moyens réduits est compétente pour le culturel, le linguistique et l'audiovisuel.

Les interrogations qui se sont développées au cours de ces dernières années sur le pilotage de l'action culturelle extérieure n'en demeurent pas moins vives. Le contexte budgétaire très tendu de ces dernières années a particulièrement touché le domaine culturel. L'essentiel de l'audiovisuel extérieur relève par ailleurs maintenant de la tutelle du ministère de la Culture et de la Communication. On doit se demander si le ministère des Affaires étrangères souhaite réellement continuer à mener une action culturelle extérieure ambitieuse. L'importance donnée aujourd'hui dans toutes les déclarations officielles à la diplomatie d'influence (qualifiée par les Anglo-Saxons de « Soft power » ou « Smart power ») devrait pouvoir se traduire plus concrètement.

La création d'un secrétariat d'État à la francophonie, à l'audiovisuel extérieur et aux relations culturelles extérieures, sur le modèle du poste occupé par Catherine Tasca en 1992 et 1993, est préconisée par le rapport sénatorial de juin 2009, ainsi que la création d'un conseil d'orientation stratégique destiné à faciliter la concertation interministérielle et l'association des collectivités locales à la politique culturelle extérieure. Mais ce rapport milite surtout pour le rétablissement de moyens plus importants pour l'action culturelle extérieure, et pour la création d'une agence culturelle extérieure gérant le réseau culturel extérieur.

De nouvelles réformes sont probables au cours des prochains mois, qui devraient influer sur les conditions du pilotage de l'action culturelle extérieure à travers de nouvelles orientations concernant tant les opérateurs que le réseau culturel extérieur.

II. Les opérateurs : vers une agence culturelle extérieure ?

La plupart de nos partenaires disposent d'un grand opérateur chargé de la mise en oeuvre de leur action culturelle extérieure : le British Council pour les Britanniques, le Goethe Institut pour les Allemands, l'Institut Cervantès pour les Espagnols, etc. Ces opérateurs sont liés par convention à leur ministère des Affaires étrangères mais disposent d'une assez large autonomie pour leur action. Ce sont ces opérateurs qui gèrent les centres culturels dont disposent ces pays à l'étranger.

La situation française est très différente : la mise en oeuvre de la politique culturelle extérieure relève très largement directement du ministère des Affaires étrangères lui-même, qui gère sans intermédiaire le réseau culturel français à l'étranger dépendant de l'État. Si un opérateur central a été mis en place pour l'enseignement français à l'étranger, l'Agence pour l'enseignement français à l'étranger (AEFE), et si l'audiovisuel extérieur a vu naître une holding regroupant les principaux acteurs de ce domaine (RFI, TV5 et France 24), il n'en est pas de même dans le domaine culturel, où n'existent que des opérateurs modestes et spécialisés dans des champs de compétence relativement restreints.

Il existe certes l'Alliance française, créée au XIXe siècle et qui continue à jouer un rôle important pour la diffusion de la langue et de la culture françaises à l'étranger, mais celle-ci ne saurait s'assimiler à une agence et ne représente qu'une faible part de l'action culturelle extérieure de la France. L'Alliance française ne dispose à Paris pour son action extérieure que d'une structure très réduite, récemment transformée en fondation, et compte surtout pour les milliers de structures implantées à l'étranger, qui participent du réseau culturel extérieur.

En tant qu'opérateurs agissant dans le domaine culturel, on peut citer les opérateurs spécialisés dans les différents domaines des industries culturelles tels Unifrance Films, le Bureau international de l'édition française (BIEF) ou le Bureau export de la musique française, ainsi qu'un nouvel opérateur récent : l'agence France Muséums, destiné à porter le projet du Louvre à Abou Dhabi. Ces opérateurs reposent pour une large part sur les professionnels des secteurs concernés. Mais il convient surtout de mentionner l'opérateur destiné à soutenir les échanges artistiques, CulturesFrance.

CulturesFrance est née en 2006 de la fusion de l'Association pour la diffusion de la pensée française (ADPF) et de l'Association française d'action artistique (AFAA), elle-même née en 1922 et ayant fusionné en 2000 avec l'association Afrique en créations. Née sous forme associative, elle devrait prochainement être transformée en établissement public.

Bien que progressivement augmenté, notamment au gré des fusions qui se sont succédé, son champ d'intervention reste encore limité : géographiquement il s'étend maintenant à l'ensemble du monde mais il se limite sectoriellement aux arts de la scène et aux arts visuels, ainsi qu'à l'architecture et marginalement au patrimoine. Il a été étendu en 2006 aux publications, et tout récemment au cinéma patrimonial et au livre (sans empiéter sur les compétences des opérateurs professionnels cités plus haut).

Les objectifs de CulturesFrance concernent la promotion de la création contemporaine française à l'étranger, l'organisation de saisons culturelles en France et à l'étranger, la coopération culturelle et le développement des cultures du Sud. Ces derniers axes ont eu tendance à se développer au détriment des missions traditionnelles de promotion de la création française à l'étranger. CulturesFrance s'efforce de s'acquitter de ses missions le mieux possible avec un budget réduit (une trentaine de millions d'euros annuels, dont les deux tiers proviennent du MAE, avec une proportion croissante bien qu'encore modeste de recettes de mécénat) et un effectif d'une centaine d'agents.

CulturesFrance a fait l'objet au cours de ces dernières années de remises en cause appuyées. Soumis à des critiques souvent contradictoires, elle a cherché à améliorer ses modes de fonctionnement, à diversifier ses financements, à clarifier ses modes d'intervention et à mieux travailler avec le réseau culturel extérieur.

La question de la transformation éventuelle de CulturesFrance en une véritable agence de l'action culturelle extérieure, avec un champ de compétences élargi, soit à de nouveaux domaines et de nouveaux objectifs, soit même aussi à la tutelle du réseau culturel extérieur, demeure posée.

Le modèle qui a prévalu jusqu'ici, celui d'une intervention directe de l'État, n'est pas sans avantages : la politique culturelle extérieure est ainsi clairement intégrée à la politique extérieure, la cohérence de l'action de l'État à l'étranger est facilitée, et certains estiment que cela limite les coûts. La plus grande partie de la hiérarchie du MAE ne souhaite pas en changer.

Mais ce modèle a aussi des inconvénients : on peut lui reprocher moins de soumettre exagérément le culturel au politique (car les cas d'instrumentalisation politique du secteur culturel sont en fait assez rares) que d'être moins favorable au professionnalisme d'équipes spécialisées (alors que la qualité des personnels est un élément essentiel), et surtout d'être moins souple et moins favorable au développement de ressources propres. Plusieurs rapports récents se sont prononcés en faveur de la création d'un grand opérateur, qui a d'ailleurs même été annoncée à plusieurs reprises. Une volonté politique forte serait nécessaire pour faire aboutir ce projet.

Une fois le principe de la création d'une agence culturelle extérieure acquis, resterait à régler les questions relatives à son champ d'intervention (qu'il conviendrait de ne pas trop élargir pour préserver la spécificité du secteur culturel), à sa gouvernance (le directeur pourrait être assisté d'un conseil scientifique), à sa tutelle (la poursuite d'une co-tutelle du MAE avec le MCC semble avoir plus d'avantages que d'inconvénients, mais cette question reste controversée), et bien sûr de ses rapports avec les établissements du réseau culturel extérieur, qui auraient vocation à devenir des antennes locales de l'agence, qui en gérerait le personnel.

III. Le réseau culturel extérieur : une crise endémique

Le réseau est une notion qui n'est pas univoque ; le réseau audiovisuel extérieur, quelquefois appelé le grand réseau, n'est pas visé ici. Le réseau culturel extérieur comprend les services de coopération et d'action culturelle des ambassades (SCAC), les centres et instituts culturels français à l'étranger, et les alliances françaises. Les SCAC étaient 14 en 1949, il en existe pratiquement dans tous les pays du monde aujourd'hui. Ces services, dirigés par un conseiller de coopération et d'action culturelle (COCAC) dépendent directement de l'ambassadeur, sans bénéficier de l'autonomie financière. Leur importance est variable en fonction des postes, pouvant aller d'un agent unique à plusieurs centaines d'agents. Ils gèrent une large palette d'activités, dépassant de très loin le seul secteur culturel. Une mutation profonde s'est produite dans leurs missions au cours de ces dernières années : celles-ci consistent moins à distribuer des subventions qu'à mettre en place de partenariats, en contribuant à rechercher les fonds nécessaires.

Les établissements culturels relèvent pour leur part de deux réseaux distincts, ce qui constitue indéniablement une spécificité française. Ils comportent d'abord environ 140 centres culturels et instituts, dont les premiers remontent au début du XXe siècle. La distinction entre les deux appellations n'a pas de justification particulière sinon historique. Ces établissements bénéficient de l'autonomie financière (d'où leur appellation d'établissements à autonomie financière : EAF) mais dépendent directement de l'ambassadeur via le COCAC.

Les trois fonctions traditionnelles des centres et instituts, qui sont l'organisation de cours de français, la documentation et l'organisation de manifestations culturelles, ont considérablement évolué au cours de ces dernières années : les cours spécialisés sont maintenant privilégiés, la documentation sur la France contemporaine et les études en France s'est substituée aux anciennes bibliothèques généralistes, les manifestations culturelles hors les murs se sont multipliées tandis qu'une large place est accordée au débat d'idées. Certains centres, appelés centres culturels et de coopération (CCC) assument des missions élargies au-delà des secteurs linguistiques et culturels. Les méthodes de gestion des centres culturels et instituts ont aussi beaucoup évolué, avec la recherche systématique de partenariats et une place de plus en plus grande accordée à l'autofinancement. La coopération entre les centres culturels français et ceux de nos partenaires européens s'est récemment développée.

Le deuxième réseau d'établissements culturels français à l'étranger est celui des alliances françaises, qui participent à un réseau créé en 1883. Les alliances françaises sont des associations de droit local, administrées par des comités locaux. Un rôle assez lâche de coordination assuré par l'Alliance française de Paris, maintenant à travers la Fondation alliance française créée en 2007.

Plus de 1000 alliances existent à travers le monde, dont 230 dirigées par un expatrié. 300 alliances environ bénéficient d'une aide de l'État, qui passe notamment par la rémunération de l'agent expatrié directeur de l'alliance ; ces alliances sont alors conventionnées avec l'ambassade de leur pays d'accueil. Leurs missions, et l'évolution de celles-ci, sont très proches de celles des centres et instituts, du moins pour les plus importantes d'entre elles. Ce double réseau est plutôt un atout qu'un handicap, dans la mesure où sont évités les doublons et mis à profit les différences de statut pour s'adapter aux spécificités locales.

Bien que d'un coût relativement modeste (138 M€ en 2008 pour l'ensemble des établissements culturels, personnels inclus), faisant preuve d'une attractivité importante et d'un dynamisme incontestable (650 000 élèves suivant des cours de français, 8 millions de prêts dans les centres de documentation, 50 000 manifestations culturelles organisées), ayant su fortement évoluer au cours de ces dernières années, dans ses missions comme dans ses méthodes de fonctionnement et dans ses implantations (d'importants redéploiements se sont opérés, avec la fermeture d'un tiers des établissements d'Europe occidentale et la création de nouveaux établissements en Europe orientale et dans les pays émergents), le réseau culturel français à l'étranger fait l'objet de remises en cause répétées, et semble en situation de crise endémique.

Le rapport d'Yves Dauge constituait un vibrant plaidoyer pour le réseau culturel français à l'étranger, mais celui d'Adrien Gouteyron milite pour la suppression des établissements du réseau dans les pays développés et particulièrement en Europe. Les réductions budgétaires ont conduit à envisager la fermeture de nombreux établissements.

La fonction de proximité de ces établissements est pourtant irremplaçable, ceux-ci sont réellement utiles quand ils savent constituer des plates-formes dynamiques d'échanges et de partenariats. De nouvelles adaptations sont encore nécessaires, pour une meilleure mise en valeur du réseau (un nom unique pour tous les établissements est envisagé ; un effort de communication est par ailleurs nécessaire), une gestion moins lourde, la mobilisation de nouvelles ressources, la poursuite du redéploiement, et la recherche d'un fonctionnement plus souple, mais le réseau est à préserver.

Il semble indispensable de mettre un terme aux brutales baisses de crédits qui ont affecté le réseau culturel français au cours de ces dernières années, et de s'attacher à améliorer la qualité des agents du réseau, aujourd'hui grevée par des mandats trop courts, une formation insuffisante et une trop faible diversité des recrutements, même si globalement le réseau est plutôt remarquable.

L'hypothèse a été examinée récemment d'une fusion des SCAC et des EAF, ce qui reviendrait à une généralisation des CCC, pour faire bénéficier des avantages des EAF les autres secteurs d'activité des SCAC : cette hypothèse pourrait être intéressante si elle n'aboutit pas à remettre en cause le bon fonctionnement des centres et instituts. Elle semble cependant peu compatible avec la création d'un grand opérateur chargé de l'action culturelle extérieure ayant la tutelle des établissements culturels, à moins que le champ d'activité de cet opérateur ne dépasse de très loin le seul champ culturel.

Des mesures de transition appropriées devraient intervenir pour faciliter le rattachement du réseau et de ses personnels à une nouvelle agence culturelle extérieure si celui-ci devait être décidé. Des dispositions permettant aux ambassadeurs de continuer à exercer leur autorité de coordination sur ces établissements pourraient aussi être prévues.

Tandis que les rapports se multiplient, que les décisions restent en suspens, et tant que tous leurs moyens d'action ne leur sont pas enlevés, les acteurs de l'action culturelle extérieure continuent heureusement à jouer sur le terrain leur rôle essentiel de passeurs, d'acteurs effectifs de la promotion de la diversité culturelle.

Entre protectionnisme et ouverture sur le grand large : la politique culturelle extérieure conduite par Jack Lang entre 1981 et 1993

Laurent Martin

La brochure officielle qui, en 1985, fait le bilan de l'action menée dans le domaine des relations internationales par le ministère de la Culture établit un lien entre une politique culturelle ambitieuse et l'attractivité nouvelle de la France[1]. La France n'est "plus seulement le pays de Versailles et des Impressionnistes", elle attire des créateurs étrangers en même temps qu'elle donne à ses propres créateurs les moyens de se faire connaître et apprécier à l'étranger. La France mitterrando-langienne se veut un "carrefour" où se rencontrent les principaux représentants de la modernité culturelle, instaurant des "modèles différents de coopération avec les autres nations", un "carrefour culturel entre les pays en développement et les pays industrialisés, entre l'Est et l'Ouest, le Sud et le Nord, redevenant une terre d'asile pour la création, lieu de rencontre et de séjour pour les

---

[1] _La politique culturelle 1981-1985, bilan de la législature. Les relations internationales_, ministère de la Culture, Service information et communication, 1986, 15 p.

créateurs." Même s'il y a loin de l'optimisme de rigueur dans les documents officiels à la réalité nécessairement moins reluisante, il reste qu'à partir de mai 1981, avec la victoire de François Mitterrand à l'élection présidentielle et la nomination de Jack Lang au ministère de la Culture, la politique culturelle connaît une inflexion majeure[1], y compris en ce qui concerne la politique extérieure du ministère.

Certes, en 1981 comme aujourd'hui, le ministère de la Culture n'est qu'un acteur marginal par rapport au ministère des Affaires étrangères. Mais une volonté nouvelle d'intervenir sur la scène politique et culturelle du monde, une redéfinition des objectifs, des champs d'action, des outils, enfin (ou d'abord) une augmentation considérable des moyens marquent incontestablement un tournant. De quelle nature et de quelle ampleur ? Nous le dirons dans la première partie de cet article. Dans un deuxième temps, nous examinerons les soubassements idéologiques de cette politique, en particulier la lutte contre l'"impérialisme culturel" des États-Unis, qui a pu passer, aux yeux de certains des détracteurs de Jack Lang, pour un "anti-américanisme". Comment concilier le rééquilibrage des relations Nord / Sud et oeuvrer en même temps à la promotion de la langue et de la culture françaises, telle est la question centrale que pose cette politique – l'une des réponses, elle-même fort ambiguë comme nous le verrons dans une troisième partie, étant le renforcement des liens avec des "zones de solidarité", des aires politico-culturelles à géométrie variable avec lesquelles le ministère s'est efforcé de nouer de nouvelles formes de

---

[1] Ni rupture ni continuité, comme l'avaient déjà montré Pascal Ory ("L'impératif culturel" dans *Crises et alternances 1974-1995*, Jean-Jacques Becker dir., Seuil, 1998, p.421-435) Philippe Poirrier ("Jack Lang, le ministre de la décennie", *Histoire des politiques culturelles de la France contemporaine*, Bibliest/Université de Bourgogne, 1996) et quelques autres, dont nous-même, dans la deuxième partie de la biographie que nous avons consacrée à l'ancien ministre de la Culture (*Jack Lang, une vie entre culture et politique*, Complexe, 2008).

coopération. L'une de ces zones, sans doute la principale, en tout cas la plus concrète et la plus urgente, fut l'Europe, objet de la quatrième et dernière partie de notre étude. Nous constaterons que la politique européenne du ministère de la Culture au cours des années 1980-1990 a privilégié l'approche par l'économie et les industries culturelles, ce qui n'est pas allé, là encore, sans certains ratés, critiques et malentendus.

I. De nouveaux moyens au service de nouvelles ambitions

L'augmentation des moyens alloués à l'action extérieure est parmi les plus spectaculaires d'une politique d'ensemble aboutissant au doublement du budget, en francs constants, du ministère de la Culture – un phénomène inédit dans l'histoire de la République. Il est vrai que, dans le cas du du service des affaires internationales, le point de départ était situé très bas, à 200 000 francs en 1981 [66 000 euros]. Cinq ans plus tard, le budget de ce service est passé à 23,6 millions de francs [7,78 millions d'euros], soit une multiplication par plus de cent[1]§ Ce service est l'héritier direct du "service des Affaires internationales" créé par Jean-Philippe Lecat en octobre 1978 et devenu une "division des Affaires internationales" un an plus tard. Redevenu "service des relations internationales" en 1982, il est intégré dans la nouvelle direction du Développement culturel confiée à Dominique Wallon Après la suppression de la DDC en 1986, le service est rattaché au ministre – comme il l'était en 1978 – puis intégré à la délégation au Développement et aux Affaires internationales

---

[1] Chiffre cité par Peggy Wihlidal dans *Création et essor du service des Affaires internationales du ministère de la Culture, 1981-1984*, mémoire de maîtrise d'Histoire contemporaine sous la direction de Pascal Ory et Pascale Goetschel, Paris-I, 2001. C'est le chiffre que l'on trouve dans la brochure déjà citée, qui ajoute que la totalité des moyens consacrés par les différentes directions du ministère à l'action internationale chaque année s'élevait à près de cent millions de francs.

(DDAI) à partir de la création de cette dernière structure, en août 2004.

En 1982, et jusqu'en 1989, c'est Patrick Olivier qui est chargé d'animer cette structure au sein de la DDC[1]. Cet agrégé de lettres modernes, titulaire d'une maîtrise de droit public, énarque, a fait ses classes comme chef du département de la coopération internationale au ministère des Universités entre 1978 et 1981. Selon lui, les objectifs fixés par Jack Lang au nouveau service des relations internationales étaient assez originaux : "Il s'agissait de combler les manques du Quai d'Orsay, qui avait une politique très classique, un peu vieillotte. Jack Lang était exaspéré par les conceptions très traditionnelles du Quai (les tournées de la Comédie-Française, etc.) et par les pesanteurs de l'Unesco[2]." Tout en plaidant pour que l'Association française d'action artistique (AFAA), cet opérateur délégué du MAE pour la coopération artistique[3], prenne davantage en compte les formes d'expression contemporaines, l'accent est mis, du côté du ministère de la Culture, sur la promotion de la jeune création française, par exemple la Danse, et sur le développement de nouvelles compétences en matière d'ingénierie technique à l'exportation. L'augmentation des moyens permet le quadruplement des crédits consacrés à la diffusion du livre français à l'étranger ou la création, à New York, du Centre Ubu Repertory Theater[4]. Mais l'essentiel de l'action du service et du ministère en général a porté sur la "voie retour",

---

[1] Ses successeurs sur la période étudiée seront : Boris Marcq (1989-1991), Chantal Colleu-Dumond (1991-1995). Cf Bernard Beaulieu et Michèle Dardy, *Histoire administrative du ministère de la Culture 1959-2002*, La Documentation française, 2002, p. 152.

[2] Entretien du 19 novembre 2007.

[3] L'AFAA a fusionné avec l'Association pour la diffusion de la pensée française (ADPF) pour constituer, en juin 2006, l'agence Cultures France.

[4] Dirigé par Françoise Kourilsky, ancienne complice de Jack Lang à Nancy, l'UBU était voué à la traduction de textes dramatiques français et à leur mise en scène devant un public non francophone. L'institution a fermé ses portes en 2002.

l'accueil de la création étrangère sur le sol français ; un partage des tâches s'est donc effectué entre le Quai, chargé de la promotion de la culture française à l'étranger, et la rue de Valois, qui s'est vouée à la découverte et à l'accueil des artistes étrangers, finançant des groupes de musique africains, des éditeurs latino-américains...

Ce partage a été le fruit d'un accord à l'amiable mais aussi d'un rapport de forces – défavorable au ministère de la Culture et à Jack Lang, qui aurait voulu intervenir davantage sur la scène culturelle internationale. Comme l'écrit, avec son tact habituel, Jacques Rigaud, "à plusieurs reprises [le ministère de la Culture] a été tenté de s'emparer de cette responsabilité et il a fallu à chaque fois qu'au plus haut niveau de l'État soit réaffirmé le rôle prépondérant du ministère des Affaires étrangères dans l'action extérieure de la France[1]." Jack Lang ne s'est pas satisfait sans rechigner du partage "projection-accueil" entre le MAE et son propre ministère, pas plus qu'il ne s'est résigné à n'être que le gestionnaire de la "ressource culturelle" dont le Quai se faisait le promoteur à l'étranger. On le voit, dans les archives que nous avons consultées[2], harceler Claude Cheysson pour que ce dernier ou François Mitterrand emmène avec eux des créateurs français lors de leurs voyages officiels, puis se heurter à Roland Dumas lorsqu'il paraît jouer sa carte personnelle, au début des années 1990, dans plusieurs capitales de l'Europe centrale et orientale émancipées du communisme. Jack Lang eut ainsi un réel intérêt, une réelle passion pour la politique internationale, une vision personnelle des intérêts de la France dans le monde et des moyens de les défendre. Inspiré par une pensée progressiste et tiers-mondiste, très en faveur dans la gauche française

---

[1] Jacques Rigaud, "La politique culturelle extérieure" dans le *Dictionnaire des politiques culturelles de la France depuis 1959*, Emmanuel de Waresquiel dir., Larousse-Bordas/CNRS éditions, 2001, p. 504.
[2] Archives Jack Lang à l'Institut Mémoires de l'édition contemporaine. (AJL/IMEC).

post-colonialiste des années 1960 et 1970, mais aussi par son expérience concrète de fondateur et de directeur du festival de Nancy à la même époque – l'un des plus actifs points de contact de la France avec la création théâtrale mondiale –, Jack Lang a placé son action sous le signe du "dialogue entre les cultures" autant que sous celui de l' "abolition des frontières", entre les nations comme entre les formes d'expression. Trois objectifs étaient visés par la nouvelle politique du ministère : donner aux grandes institutions culturelles françaises les moyens de s'ouvrir aux cultures étrangères, créer des instruments d'action nouveaux, encourager les autres pays à adopter une politique culturelle forte, en particulier au niveau européen[1]. Il s'agissait aussi de travailler à un rééquilibrage Nord-Sud des relations culturelles, à un meilleur dialogue, une meilleure connaissance des cultures du tiers-monde, en privilégiant de nouveaux interlocuteurs, une politique plus informelle, davantage tournée vers les acteurs du secteur culturel que vers les administrateurs officiels. Il fallait rompre enfin avec la domination sans partage de la culture de masse américaine sur le monde.

II. Anti-impérialisme ou anti-américanisme ?

Le progressisme tiers-mondiste s'avère l'une des clefs d'explication idéologique de la politique culturelle qui se met en place au début des années 1980[2]. Forgée au feu des luttes de décolonisation, cette idéologie attribue à l'action néfaste

---

[1] Archive orale d'André Larquié (chargé des Affaires internationales au cabinet de Jack Lang) recueillie par Claire Pouly, Comité d'histoire du ministère de la Culture, 2001.

[2] Et ce n'est pas un hasard si le milieu des années 1980 voit une série de livres le remettre plus ou moins violemment en cause. Cf Pascal Bruckher, *le Sanglot de l'homme blanc : Tiers-monde, culpabilité, haine de soi*, Seuil, 1986, Christian Cornéliau, *Mythes et espoirs du tiers-mondisme*, Cetral/L'Harmattan, 1986, Claude Liauzu, *l'Enjeu tiersmondiste*, Paris, L'Harmattan, 1987.

des anciennes puissances coloniales et des pays industrialisés le sous-développement dont souffrent la majeure partie des pays de la planète. Le salut de ces pays passera par le rejet des mécanismes de domination qui les asservissent. Cette grille de lecture des rapports internationaux, commune à la majeure partie des militants et des élites de la gauche française des années 1960 et 1970, est aussi celle d'un Jack Lang, qui s'est éveillé à l'action politique au moment de la guerre d'Algérie et s'est formé intellectuellement au contact de la pensée néo-marxiste. L'approche culturelle des rapports inégalitaires entre les nations insiste sur le rôle de la culture à la fois dans la mise en place et l'acceptation des mécanismes de domination et dans la construction des outils de l'émancipation. Utilisant sans la nommer la théorie gramscienne de l'hégémonie appliquée à la politique internationale, les discours du ministre de la Culture, au début des années 1980, tendent à montrer que la coercition des grandes puissances ne peut s'exercer sans s'adjoindre une forme de légitimation par les médias de masse et les industries culturelles, et que c'est par la reconquête des imaginaires que passera la contestation de cette domination. Mais, et c'est la grande ambiguïté de ce discours, la domination économique et culturelle de la France est totalement passée sous silence, au profit d'une dénonciation de l'hégémonie anglo-saxonne et, singulièrement. états-unienne.

Deux grands discours de Jack Lang formulent explicitement ces vues au début des années 1980. Le premier est celui qu'il prononce à Cotonou, le 17 septembre 1981 lors de la première réunion des ministres de la Culture des pays francophones ; le second a lieu à Mexico le 27 juillet 1982 dans le cadre de la conférence des ministres de la Culture organisée par l'Unesco, baptisée "Mondiacult". Dans l'un comme dans l'autre, Jack Lang affirme la nécessité d'une "décolonisation mentale" comme préalable au développement et appelle à la "résistance", voire à la "croisade" contre "une certaine invasion, une certaine submersion d'images fabriquées à l'extérieur et de musiques standardisées". Ce flot a pour effet le "nivellement", le "rabotage" des particularités culturelles ; une "colonisation des consciences" est à l'œuvre qu'il faut combattre par le rétablissement d'une réciprocité des échanges, la diversification des productions et la "décolonisation" des programmes audiovisuels.

Les principaux accusés, même s'ils ne sont pas explicitement nommés, sont les États-Unis et leurs multinationales du divertissement ("l'Empire du profit"). Cela aura des conséquences : la coopération internationale sera plus difficile avec les Américains qui ont pris le discours de Mexico comme une déclaration de guerre.

Bien d'autres manifestations de ce que certains nomment "anti-américanisme" et d'autres "anti-impérialisme" peuvent être relevées. En septembre 1981, Jack Lang ne se rend pas au festival du film américain de Deauville, ce qu'une bonne partie de la presse française et américaine interprète comme un "boycott". En 1985, il s'élève contre le projet d'implantation d'un parc Disney à proximité de Paris[1]. Au début des années 1990, encore, il proteste contre le protectionnisme culturel américain qui dresse des obstacles à la venue d'oeuvres et d'artistes français. Mais, en réalité, les choses sont plus complexes et l'on trouvera aux mêmes dates, ou légèrement décalées, d'autres signes contraires. En mai 1984, deux ans après l'affaire de Deauville, Jack Lang rencontre, en marge du festival de Cannes, le président de la puissante Motion Pictures Association, Jack Valenti, et s'accorde avec lui pour définir des moyens de lutte contre la "piraterie" audiovisuelle, le respect de la chronologie d'exploitation des films, la nécessité d'un rééquilibrage des échanges internationaux. Quelques mois plus tard, Jack Valenti reçoit même la Légion d'honneur des mains de Jack Lang. En 1990,

---

[1] Note de Jack Lang à François Mitterrand, 30 janvier 1985, AJL/IMEC.

à la suite d'un voyage aux États-Unis, le ministre se déclare "stupéfait" par les prouesses techniques des parcs de loisirs Disney et Universal et suggère qu'elles pourraient inspirer une future "Cité de l'image" implantée à la Défense[1]. Mais il faut surtout voir dans ces contradictions le reflet de l'ambivalence du jugement à l'égard de la culture américaine, admirée et aimée pour ses cinéastes et ses écrivains, crainte pour la puissance de ses industries culturelles. "Il ne s'agit pas d'une hostilité à l'égard de la culture américaine ni d'une mise en cause de ses valeurs ou de ses oeuvres. Il s'agit simplement d'une vigilance que nous devons exercer sur la diffusion massive de sous-produits de cette culture, source de nivellement. [...] Distinguons, au demeurant, les artistes des marchands. Jack Nicholson, Bob Dylan, Ella Fitzgerald ont été honorés en France. Ils sont l'Amérique de l'audace, de la création – celle que nous aimons[2]."

III. Les "zones de solidarité"

Parmi les moyens de faire pièce à l'impérialisme culturel des États-Unis et de leurs multinationales du divertissement, Jack Lang cite les "alliances fortes" que chaque pays se doit de nouer avec les "pays de culture voisine" ; pour la France, avec les pays latins, les pays méditerranéens, les pays francophones et les pays européens, quatre ensembles qui se recoupent partiellement et avec lesquels la France de François Mitterrand se sent des affinités politiques et culturelles ainsi que des intérêts communs. En feignant d'ignorer le caractère problématique de l'identité de ces ensembles, leur manque de cohésion y compris sur le plan culturel, la divergence des intérêts des pays qui les composent, Jack Lang fait preuve d'un volontarisme que la réalité va se charger de démentir en large part. L'objectif est

---

[1] Note de Jack Lang à François Barré, délégué aux arts plastiques, 20 novembre 1990, AJL/IMEC.
[2] Interview de Jack Lang dans *L'Express*, 19 mars 1992.

d'échapper à l'échange inégal, à la relation forcément dissymétrique que chaque pays entretient avec les États-Unis en renforçant les liens avec ces espaces "dominés" parfois qualifiés de "zones de solidarité". La méthode consiste à remplacer, autant que possible, la traditionnelle diplomatie culturelle bilatérale, en faveur au Quai d'Orsay, par des structures de discussion et de coopération multilatérales. Les accusations récurrentes d'un Jack Lang contre la lourdeur des commissions mixtes utilisées dans les relations bilatérales doivent se comprendre dans cette perspective. De là, l'organisation de réunions entre les représentants des divers pays concernés et la définition en commun d'objectifs et de projets. Mais la mise en oeuvre restera toujours très éloignée de l'ambition initiale et prendra souvent les voies de la diplomatie culturelle la plus classique.

Ainsi de l'"alliance latine" : le colloque international des créateurs latins à Paris, sous la présidence de Gabriel Garcia Marquez, et la réunion à Venise de six ministres de la Culture de pays latins, en 1982, mettent en avant les objectifs de défense et de promotion des langues, de sauvegarde du patrimoine, d'échanges de créateurs, de coopération accrue dans le domaine de la communication audiovisuelle. Les initiatives suivent, déjà moins ambitieuses : la "réactivation" de la Maison de l'Amérique latine, la constitution d'un fonds d'archives de la littérature latino-américaine du XXe siècle à la Bibliothèque nationale, la création d'un fonds de copies de films latino-américains à la Cinémathèque française, l'aide accrue à diverses associations, institutions et manifestations consacrées à la promotion de la "culture latino-américaine" en France. Mais "l'Union latine" appelée de ses voeux par Jack Lang reste largement virtuelle ; les initiatives concrètes prennent plutôt la voie de relations bilatérales privilégiées, comme avec le Brésil, qui organise avec la France les deux années "France-Brésil" de 1986-1987, programmées dès 1983.

Il en va de même avec les pays méditerranéens. En mai 1982 se tiennent les « Rencontres méditerranéennes » sur l'île grecque d'Hydra, qui rassemblent des intellectuels venus de tout le pourtour méditerranéen. De ces réunions à la fois informelles et quasi-officielles sortent de nombreuses propositions : création d'un « Centre méditerranéen d'artisanat créateur », universités et théâtres internationaux, bourses d'échange de programmes audiovisuels, manifestations multiples. Certaines de ces propositions seront mises en pratique, mais force est de constater, là encore, que le modèle bilatéral restera dominant, surtout avec les pays dans lesquels Jack Lang comptait des amis personnels à des postes de responsabilité.

Parce que des institutions de la francophonie existaient de longue date, l'espace francophone est peut-être l'espace dans lequel le rêve d'une solidarité des pays de culture voisine aurait pu prendre réellement corps. Mais ces institutions (internationale, comme l'Agence de coopération culturelle et technique, ou nationales, comme le Haut conseil à la Francophonie, le Commissariat général à la langue française et le Comité consultatif de la langue française) échappent à la tutelle du ministère de la Culture. Celui-ci ne peut soutenir que des initiatives intéressantes mais limitées : le festival de la francophonie de Limoges à partir de 1984 (festival de théâtre), le festival de la chanson francophone de La Rochelle (les "Francofolies") à partir de 1985, la création du Théâtre national de langue française, toujours en 1985. Les mesures concrètes sont d'ampleur modeste. Elles ne peuvent en aucun cas remettre en question les voies et moyens ordinaires de la "Françafrique" que n'a pas vraiment reniée François Mitterrand en accédant au pouvoir en 1981.

On pourrait même parler d'un impérialisme culturel déguisé quand on envisage toute la politique d'aide au cinéma étranger. Accordées à la discrétion du ministre sur fonds directement prélevés sur son budget, les aides directes profitent à des cinéastes comme Youssef Chahine (Adieu

Bonaparte), Robert Bresson (l'Argent), Ettore Scola (le Bal), Andrei Tarkovski (le Sacrifice), Volker Schlöndorff (Un amour de Swann), etc., soit des artistes internationalement reconnus dont les projets relèvent d'une politique de prestige du cinéma, assez traditionnelle dans son propos : "France, mère des arts et des lettres". Selon les journalistes des *Cahiers du cinéma* faisant en 1986 le bilan des années Lang, "cette politique [qu'ils baptisent "panlangisme"] a parfaitement illustré le rêve ou le pari langien de faire de Paris la place du tout-cinéma mondial (non américain). […] Ce système des aides directes officialisant en quelque sorte une certaine "politique des auteurs" a fait du ministère de la Culture une Major européenne […]. Ça n'a pas coûté trop cher […] et ça a rapporté gros : quelques très bons films et une bonne image de marque internationale[1]."

IV. L'Europe, l'exception culturelle et les industries culturelles

Cette dimension double, généreuse et utilitaire, apparaît également dans la politique européenne du ministère de la Culture. La construction de l'Europe culturelle, au moment où Jack Lang devient ministre de la Culture en France, n'est guère avancée. Un mouvement était néanmoins perceptible au tournant des années 1970 et 1980 dans l'opinion et parmi les cercles dirigeants de divers pays européens, sous l'influence de plusieurs facteurs, notamment, de la montée en puissance du Parlement européen et de la prise de conscience du pouvoir des industries culturelles, en particulier des médias audiovisuels, qui paraissait à la fois redoutables pour "l'identité culturelle" des pays européens – mot-clef du projet de Charte culturelle européenne élaborée par le Conseil de l'Europe en 1978 à Athènes – et prometteurs pour l'économie et l'emploi.[2].

---

[1] *Les Cahiers du cinéma*, mars 1986.
[2] Voir le colloque de Venise en mars 1984 et la Déclaration adoptée par

Jack Lang manifeste très tôt son intérêt pour le développement d'une politique culturelle européenne. Une note à François Mitterrand datée du 16 septembre 1981 propose la création d'un "espace culturel européen"[1]. Considérant que "l'Europe de la culture est avant tout l'Europe des industries culturelles"[2], le ministère de la Culture français porte l'essentiel de son effort sur ces secteurs qui associent une forte valeur culturelle et des processus de production et de diffusion de masse. C'est le cas du secteur de l'Édition, dans lequel le ministère français mène une politique très active dès le début des années 1980[3].

---

les quelque soixante-dix intellectuels qui y participaient en faveur de « l'identité culturelle européenne ». Elle réclamait la création d'une Assemblée européenne de la culture, l'augmentation du budget pour la culture (le chiffre de 1 % du budget total était avancé, en écho à la revendication exprimée par les milieux culturels français depuis la fin des années 1960), la mise en place d'un espace de libre circulation des idées, des biens culturels et des créateurs, un accent nouveau mis sur la formation et l'éducation, la mise sur pied d'une industrie européenne des programmes audiovisuels, la sauvegarde et le développement des langues et cultures régionales. "L'Europe, ajoutait-elle, s'est définie par des objectifs économiques limités. Elle a besoin de s'affirmer aujourd'hui pour elle et pour le monde comme projet de civilisation (…) fondé sur la liberté des créations et des critiques politiques, sociales et culturelles." (AJL / IMEC.) Cette initiative fit l'objet d'une déclaration écrite présentée par Maria-Antonietta Macciochi au Parlement européen le 17 avril 1984 (document 1-182/84). Une autre déclaration, cette fois des cinéastes européens réunis à Paris à l'initiative de Jack Lang, fut publiée en novembre 1984.

[1] AJL/IMEC.
[2] *La Politique culturelle 1981-1985, bilan de la législature*, « Les Relations internationales », p. 9.
[3] Nous nous appuyons ici sur les actes de la journée d'étude sur le prix unique du livre, préparée par Olivier Cariguel et organisée conjointement par le Comité d'histoire du ministère de la Culture et l'Institut Mémoires de l'Édition contemporaine (IMEC) le 25 avril 2003. La publication de ces actes, accompagnés d'articles (par Yves Surel, Olivier Rozenberg et Emmanuel Pierrat), et de pièces d'archives s'est faite en octobre 2006 sous le titre *Le Livre à son prix. Histoire de la loi Lang*, co-édité par le Comité d'histoire du ministère de la Culture et l'IMEC. Voir également

La loi du 10 août 1981 fixant le prix unique du livre, entrée en vigueur le 1er janvier 1982, est portée en 1983 devant la Cour de justice des communautés européennes à la faveur d'un litige entre un libraire et une grande surface français. Les arrêts rendus en janvier 1985 par la plus haute juridiction européenne dans cette affaire aboutissent à la reconnaissance de la légitimité et de la légalité des dispositions françaises, sous réserve de quelques aménagements. Après l'arrêt de la Cour, la Commission européenne adresse en mai 1985 une communication au Conseil reconnaissant la nature spécifique du livre. Ainsi se trouvent posées les premières pierres d'une "exception culturelle" à l'échelle européenne. Mais la France échoue à faire voter une directive européenne sur le livre, proposée lors du Conseil européen des ministres de la Culture de juin 1984, premier du genre[1], au Luxembourg.

L'autre grand chantier est celui de l'audiovisuel. Le discours de Vienne, à l'occasion du Symposium international de la culture, le 18 juin 1982, est l'occasion pour Jack Lang de proposer la construction d'un "espace audiovisuel européen" visant à créer des règles communes pour défendre les identités des pays membres et une identité européenne contre les industries culturelles américaines. Création d'un fonds d'aide aux coproductions cinématographiques et audiovisuelles, préférence communautaire dans la programmation (ce sera la politique des quotas, assimilée par ses adversaires à du protectionnisme), chronologie de la diffusion sur le modèle français, lutte contre la "piraterie audiovisuelle" par des législations plus répressives,

---

l'article de David Pouchard « Les systèmes de prix fixe du livre dans les zones linguistiques transnationales au regard du droit communautaire », *RTD eur.* 37 (1) janvier-mars 2001 ; et l'article collectif « La France mobilise l'Europe en faveur du prix unique du livre » dans *Le Monde*, 29 septembre 2000.

[1] Les précédentes "conférences des ministres responsables des affaires culturelles en Europe" s'étaient tenues dans les années 1970 sous l'égide du Conseil de l'Europe.

manifestations comme le festival du film européen, les propositions sont encore une fois foisonnantes. Mais il est trop tôt pour une vraie politique culturelle au niveau communautaire ; l'Acte unique européen signé en 1986 ne contient aucune disposition en matière culturelle. Ce n'est que lors de la deuxième expérience ministérielle de Jack Lang, à partir de 1988, que des dispositions vont être prises par les Européens dans le domaine audiovisuel. La directive "Télévision sans frontières" est adoptée en octobre 1989 par les douze pays membres de la Communauté économique européenne. Celle-ci crée les conditions juridiques d'un espace audiovisuel européen. Mais le ministre français de la Culture et de la Communication, aiguillonné par les artistes, réalisateurs et producteurs français et européens fortement mobilisés contre la directive, estime que, dans cette affaire, la dimension "libre-échangiste" de l'accord – la libre circulation des programmes d'un pays à l'autre – l'emporte sur le souci du pluralisme culturel. Jack Lang souhaite l'établissement d'un délai maximum de cinq ans pour atteindre une majorité de programmations européennes dans chaque pays, la définition d'une procédure permettant à la Communauté de vérifier l'application de la clause de non-recul et l'engagement de chaque pays d'atteindre le quota communautaire. Selon lui, la directive est un "médiocre compromis" accepté par la diplomatie française, c'est-à-dire par Roland Dumas et Thierry de Beaucé, en échange de l'adhésion des autres pays au projet "Eureka audiovisuel", un organisme international regroupant des pays n'appartenant pas forcément à l'espace communautaire autour de projets audiovisuels et cinématographiques. François Mitterrand doit faire remarquer à son ministre que cet accord a été conclu à douze et que la France ne peut décider seule de la politique audiovisuelle en Europe.

Finalement, la réalisation européenne la plus significative de cette période en matière audiovisuelle restera la création de la chaîne franco-allemande ARTE – c'est-à-dire un exemple accompli de politique bilatérale[1]. Il semble que dès le mois de mai 1984 – soit plusieurs mois avant le projet Desgraupes[2] – le ministre de la Culture français propose au Président de la République de créer une "chaîne européenne" en y affectant l'un des quatre canaux du futur satellite franco-allemand ; dans son esprit, le projet ne peut être que multilatéral[3]. Le projet est repris à son compte par François Mitterrand, qui l'annonce lors de son discours de Strasbourg du 24 mai 1984 devant le Parlement européen[4]. La chaîne commencera à émettre en mai 1989.

Le caractère "exemplaire" du modèle français explique que la France soit le premier pays à faire l'objet d'une évaluation par les experts mandatés par le Conseil de l'Europe en 1988. Cette évaluation se révèle très largement positive, même s'il faut tenir compte des circonstances dans lesquelles l'étude a été réalisée[5]. Cette étude, et bien d'autres,

---

[1] Voir le bon article de synthèse d'Isabelle Veyrat-Masson dans *L'Écho du siècle, dictionnaire historique de la radio et de la télévision en France* sous la direction de Jean-Noël Jeanneney, Hachette / Arte, 2001, p. 208-211 et la thèse de Jean-Michel Utard, *ARTE : information télévisée et construction d'un point de vue transnational. Étude d'un corpus franco-allemand*, Strasbourg-III, 1997.

[2] Pierre Desgraupes présente en décembre 1984 un projet de chaîne culturelle européenne à la demande de Georges Fillioud, ministre socialiste de la Communication.

[3] "(…) Ne pourrait-on imaginer que vous preniez l'initiative de proposer aux autres gouvernements d'Europe de bâtir une chaîne européenne sur l'exemple du Théâtre de l'Europe ? La France adresserait cette offre généreuse aux autres pays. (…) Cette initiative pourrait être annoncée dans votre discours du 24 mai devant le Parlement européen. (…)". Archives Jack Lang / IMEC.

[4] "À partir d'un satellite franco-allemand, pourquoi pas une chaîne européenne de télévision, offerte à tous les créateurs des pays membres intéressés ?". AJL/ IMEC.

[5] Le temps dont disposèrent les quatre enquêteurs (le Suisse Frédéric Dubois, ancien directeur de l'Office fédéral de la culture helvétique, le Suédois Carl-Johan Kleberg, l'Anglais John Myerscough, chercheur à l'Institut for Politic Studies, le Belge Robert Wangermée, rapporteur du rapport, musicologue, professeur à l'université libre de Bruxelles et an-

ont alimenté une fierté qui a pu tourner à l'auto-satisfaction, empêchant de voir les succès des expériences étrangères et les échecs du modèle français. Il est vrai que la propension à tirer orgueil du "modèle français", qui nous rend aveugles à ses limites et freine les nécessaires adaptations, ne date pas des années 1980 et n'est pas limitée au domaine des politiques publiques de la culture. Il est non moins vrai qu'en matière culturelle, le "réveil", à la fin des années 1990, a été brutal et que l'on est tombé d'un excès dans l'autre, certains analystes sombrant dans un catastrophisme aussi erroné que l'avait été le triomphalisme de la période précédente.

Concernant la politique extérieure du ministère de la Culture durant les années Lang, trois choses sont donc principalement à relever : l'ampleur des ambitions affichées, le volontarisme avec lequel l'équipe qui entourait le ministre de la Culture s'appliqua à les mettre en oeuvre, et le caractère finalement assez limité, décevant, des réalisations. Les "nouvelles formes de coopération", le "multilatéralisme", le "rééquilibrage des relations Nord-Sud", les "zones de solidarité", tout cela est resté largement à l'état de voeu pieux, l'essentiel des réalisations passant par la voie

---

cien directeur de la radio-télévision belge) pour faire le travail de terrain fut beaucoup trop court (deux semaines) et fut consacré à à rencontrer les personnes chargées d'élaborer et d'appliquer la politique française. Les remerciements contenus dans le volume publié peu après reconnaissent sans ambages que l'essentiel de la documentation sur laquelle repose le rapport provient des services officiels, en l'espèce le Département des Études et de la Prospective (*La Politique culturelle de la France,* La Documentation française, 1988). À ce propos, on ne saurait trop souligner l'importance du travail effectué par le Service des Études et Recherches (SER) puis le Département des Études et de la Prospective (DEP) depuis les années 1960 dans l'élaboration d'une "pensée européenne" en matière de politique culturelle. De nombreux autres pays ont, depuis, fait l'objet d'évaluations semblables (cf la liste à l'adresse suivante : http://www.coe.int/t/dg4/cultureheritage/policies/Reviews/Default_en.asp). À noter que l'action internationale est passée sous silence dans le rapport sur la France de 1988.

traditionnelle de la diplomatie culturelle et des relations bilatérales. Par ailleurs, l'entrelacement de l'ouverture au monde et du protectionnisme culturel, de la défense des droits de l'homme et de la politique de prestige, du combat culturel et du combat politique caractérise la politique culturelle extérieure conduite à cette époque, la rendant parfois très critiquable.

Il reste que Jack Lang a été le premier ministre de la Culture à vouloir une grande politique internationale pour la culture – et, pour l'instant, le dernier. Il est vrai que le contexte a bien changé. Les "cultures du monde" n'ont plus vraiment besoin du soutien des États ; elles sont désormais aux mains des marchands. Le ministère des Affaires étrangères a lui aussi évolué et mène une politique plus novatrice qu'au début des années 1980. D'ailleurs, le partage des tâches qui prévalait à l'époque n'existe plus vraiment aujourd'hui. Par exemple, les « saisons » organisées par le Quai empruntent souvent la « voie retour », c'est-à-dire l'accueil des artistes étrangers. La *Revue générale des politiques publiques* (RGPP) dira peut-être qu'il n'y pas lieu de financer deux politiques culturelles extérieures. En tout cas, dans la plupart des autres pays, cette politique est menée par l'équivalent du ministère de la Culture, et non par la diplomatie. C'est d'ailleurs l'un des mérites de l'activisme du ministre de la Culture français que d'avoir contribué à convaincre certains des partenaires de la France de la légitimité et de l'intérêt politique d'une intervention des pouvoirs publics en matière culturelle. Par ailleurs, le rôle moteur de la France d'abord dans la définition, puis dans la légitimation d'une "exception culturelle" protégeant un vaste secteur de la culture, comprenant notamment les industries culturelles, des règles de libre concurrence et de libre circulation du marché, doit être souligné. C'est, à notre sens, la principale innovation qui peut être mise au crédit de l'action de Jack Lang dans le domaine de la politique culturelle extérieure.

L'Alliance Française (1980-2006) : une réussite discrète

François Chaubet

En 1979, le rapport Rigaud enjoignait aux différents acteurs de l'action culturelle extérieure de moderniser leurs méthodes d'action et de s'engager ainsi résolument dans la triple voie de la professionnalisation, de l'échange et de l'audiovisuel. Il citait l'Alliance Française comme l'un des maillons essentiels de cette politique culturelle extérieure française et signalait, qu'à l'avenir, elle devrait peser davantage dans le dispositif d'ensemble de celle-ci.

Presque trente ans plus tard, un bref panoramique permet d'évaluer la transformation qui a caractérisé le quotidien de cette très ancienne association qui s'est attachée, de façon méthodique et inventive, à améliorer continûment ses méthodes d'action, enseignantes d'une part, culturelles d'autre part. Alors que l'action culturelle extérieure française et francophone a connu pendant ces trente dernières années de profonds remous et s'est trouvée dans de sérieux creux de houle, l'Alliance Française, dans l'ensemble, et non sans de multiples contraintes, a plutôt réussi à naviguer au sommet de la vague. Cette réussite globale, saluée en 2001 par le rapport parlementaire Dauge, n'est pas sans inspirer cependant des jugements contradictoires. Certains s'alarment devant la réussite d'une association, de fait largement indépendante de l'État, et assez atypique dans ses mécanismes de fonctionnement fondés sur l'initiative privée (autofinancement à 70 % du réseau en moyenne), la souplesse administrative, le bénévolat (8000 administrateurs bénévoles) et le mécénat ; tandis que d'autres, tout au contraire, souhaiteraient, plus ou moins secrètement, renforcer considérablement sa voilure et s'inspirer de son mode de fonctionnement.

Réfléchir à la place occupée par l'Alliance Française dans le dispositif culturel devient, évidemment, l'occasion et le moyen de lire en filigrane le destin du dispositif d'ensemble de la politique culturelle extérieure. Et à ce titre, on peut poser la question de manière un peu provocante : l'Alliance Française est-elle une sorte de modèle susceptible d'inspirer tout le réseau culturel extérieur, ou une réussite, certes remarquable, mais par trop spécifique, voire un peu trop « trublionesque », pour prétendre inspirer l'ensemble des acteurs culturels extérieurs ?

I. Une modernisation réussie de ses méthodes d'action

Professionnalisation des activités autour de l'enseignement

Si, depuis 1883, le cœur de l'activité menée par l'Alliance Française résida dans son activité enseignante, on assista de fait à une généralisation de celle-ci dans les trente dernières années ; aujourd'hui les 2/3 des Alliances sont enseignantes dont, par exemple, la plupart des Alliances nord-américaines, ou celles de Grande-Bretagne qui, longtemps, s'étaient contentées de simples activités plus ou moins « mondaines ». On comprend dès lors que la première évaluation à effectuer porte sur la qualité de cette offre pédagogique et sur les résultats chiffrés de fréquentation.

Partons de quelques chiffres sur la scolarisation au sein de cette myriade de comités locaux qui constituent l'organisation (presque totalement décentralisée) de l'Alliance Française. En 1967, celle-ci accueillait 162 264 étudiants ; 227 330 en 1977 et 311 444 en 1987 (+ 37%) ; en 1996 on comptabilise 328 561 étudiants et le seuil de 400 000 fut franchi en 2004. On le voit, la progression globale existe, quoique très faible dans la décennie quatre-vingt-dix. Dans un contexte de repliement de l'enseignement du français dans plusieurs parties du monde (essentiellement Europe et États-Unis), l'Alliance Française a pu cependant aller de l'avant grâce à une refonte énergique de ses méthodes pédagogiques.

Dans ce domaine, le changement majeur fut l'adaptation accélérée à une demande de français « pratique », à rebours du propos fameux de Cyrano (« non c'est bien plus beau quand c'est inutile »). Par exemple, les Alliances Françaises ont répondu à une demande croissante de cours en entreprise. Ainsi en 1992, l'Alliance Française de Madrid était accueillie dans 33 entreprises et l'Alliance de Londres devint également dans les années quatre-vingt-dix une spécialiste de ce type de cours. On assista donc en général à la montée de demandes très concrètes qui portaient sur des modules de formation plus courts et plus intensifs[1] (pour la préparation d'un séjour touristique par exemple), plus techniques (commerce, droit) et ouverts à la préparation de diplômes clairement identifiés (certificats DELF et DALF à partir de 1985). On passa, définitivement, d'un public qui fut, longtemps, celui des « jeunes filles en fleur », ou de dames patronnesses, à un public de jeunes actifs, aux attentes plus immédiates ; d'un public tourné exclusivement vers l'imaginaire littéraire et artistique français à un public soucieux sans doute autant de beauté que d'utilité. Il en résulta aussi la nécessaire transformation des locaux, à la fois leur embellissement (jusqu'au début des années soixante, les locaux de l'Alliance en Argentine, par exemple, étaient fort revêches) et leur

---

[1] Au début des années quatre-vingt-dix, on reprochait souvent aux Alliances d'avoir un rythme d'études « trop lent » par rapport aux études anglaises.

équipement adéquat (y compris les bibliothèques), en parallèle avec l'action menée par le *Quai* en faveur de l'introduction de « centre de ressources » dans les années quatre-vingt-dix et de la modernisation des bibliothèques (plan « médiathèques » daté de 1993). Depuis le milieu des années quatre-vingt-dix, beaucoup, sinon la plupart des Alliances ont ainsi considérablement modernisé leur espace documentaire, en « désherbant » des fonds vieillis, en se dotant, très récemment (depuis moins de dix ans[1]), de bibliothécaires spécialisés capables de faire vivre et d'animer une médiathèque moderne. Cette politique d'une offre scolaire diversifiée est bien par illustrée par les propos d'un directeur de l'Alliance de Denver (États-Unis) en 1990 :

« Plutôt que de s'en tenir à un produit unique, offrir une gamme variée de cours [...] voici quelque exemples de contenus de cours : cours de français professionnel (sur poste de travail) aux entreprises ; week-ends d'immersion totale à la manière de Middlebury College ; le français par l'opéra (à partir de livrets d'opéra) ; le français par téléphone [...] cette variété dans la gamme, on la retrouve dans les activités socio-culturelles : cercles de lecture ; constitution de clubs ; composition d'un comité d'accueil ; sorties sportives en français [...][2] »

Cette professionnalisation s'avère d'autant plus indispensable que, un peu partout dans le monde, existent désormais des officines concurrentes de tout acabit[3].

Par ailleurs, de plus en plus d'Alliances eurent des liens étroits avec les établissements universitaires ou d'enseignement supérieur (instituts). En Pologne au début des années quatre-vingt, trois Alliances sont installées dans des universités locales ; puis sept autres dans la décennie qui

---

[1] Les premiers bibliothécaires à temps plein apparaissent en 1988 dans le réseau polonais selon le Rapport annuel sur l'activité de l'année 1988 par Jean Harzic, Brochure, Archives Alliance française [désormais AAF].
[2] « Diriger une Alliance Française aux États-Unis, entretien avec Christian Depierre », *Alliances*, n°5, 1er trimestre 1990.
[3] Le Secrétaire Général, Jean Harzic, notait ainsi en 1998 que la ville mexicaine de Querétaro n'offrait pas moins que 15 lieux différents où apprendre le français, in *Rapport annuel du Secrétaire Général sur l'activité de l'année 1997*, Brochure, AAF.

profitent elles aussi de leur accueil par des structures universitaires en termes d'usage de locaux et de prise en charge du personnel enseignant et administratif. En Amérique latine, les établissements de l'Alliance donnent également des cours dans certaines des universités du pays ; en Australie en 1994, deux conventions sont signées dont une avec l'Université de Sidney. Quant à la présence de l'Alliance française en Chine, elle s'effectue elle aussi, comme dans la Pologne d'avant la chute du mur de Berlin, à l'intérieur des Universités locales.

Un deuxième aspect de cette professionnalisation porta sur la formation des professeurs autochtones. Du fait de la diminution des « détachés », en provenance de l'Éducation nationale pour la grande majorité d'entre eux (458 en 1977, 493 en 1989, 232 en 2007), l'enseignement dans nombre de comités locaux a dû s'appuyer, plus que jamais, sur les seules compétences locales. Ainsi l'Alliance Française en Argentine comptait 37 détachés en 1978 et seulement 12 en 1996[1]. L'Alliance Française de Paris et les différentes délégations régionales de l'Alliance à l'étranger ont alors multiplié les stages de recyclage et de formation continue[2] pour cette population de professeurs de français étrangers, aussi bien à Paris dans le cadre du vaisseau amiral qu'est l'École internationale (fondée en 1894), que dans les pays concernés où les rencontres annuelles pédagogiques se multiplièrent. Le Quai d'Orsay a appuyé cette démarche de formation des enseignants locaux, directeurs ou responsables de cours. Une subvention exceptionnelle en 2005 a permis de financer 13 projets de professionnalisation dans 26 pays. 216 Alliances ont été impliquées et 299 cadres locaux ont bénéficié de cette formation.

---

[1] Rapport annuel de Jean Harzic pour l'année 1996, Brochure, 30 p., *AAF*
[2] Cette tendance remonte bien plus haut dans le temps dans certains pays ; au Brésil, dès le milieu des années soixante, elle est à l'œuvre.

Décloisonnement des activités culturelles

Sous l'impulsion de son Secrétaire Général, Philippe Greffet (1978-1988) qui remplaça le *Commandeur* de l'Alliance Française, Marc Blancpain (1944-1978), l'Alliance de Paris orienta résolument son réseau dans la voie multiforme de la programmation artistique. Historiquement, la conférence[1], parfois la représentation théâtrale ou le concert, servirent de socle au programme d'activités culturelles proposées par les Alliances avant 1939. Puis le cinéma se greffa sur cette offre initiale après 1945. Surtout depuis 1980, les centres Alliance Française se sont ouverts à la photo et à la BD, à la peinture et à la musique populaire. De plus à partir de 1979, en relation étroite avec l'AFAA, des « circuits culturels » à travers plusieurs pays furent organisés ; L'AFAA prenait en charge les frais de voyages et d'acheminement du matériel alors que les Alliances locales hébergeaient et défrayaient les artistes. Quelques réussites majeures parsèment l'histoire de ces tournées : *Cargo 92* en Amérique Latine (500e anniversaire de la découverte du continent) visita 40 villes dans 17 pays avec à son bord des chanteurs, des gens de théâtre, et des danseurs ; on trouvait aussi la tournée du Quatuor Ravel, en Asie, la même année. Cette activité de programmation artistique s'efforce à une rigoureuse sélection des projets afin d'éviter l'amateurisme misérabiliste. Sur 7ans (1980-1987), 1820 manifestations, présentées à plus de 700 000 personnes, furent organisées de manière conjointe entre l'Alliance Française et l'AFAA. Cet activisme culturel explique peut-être que désormais le profil des « détachés » (personnel payé par le MAE) au sein de l'Alliance tende un peu à changer : 1/5 de ceux-ci, désormais, ne provient plus de l'Éducation nationale.

---

[1] Nous nous permettons de renvoyer à notre article, « Action culturelle extérieure et conférences : l'exemple des conférences de l'Alliance Française (fin XIXe et début XXe siècles) », in Alain Clavien et François Vallotton (dir.), *Devant le verre d'eau*, Lausanne, Antipodes-GRHIC, 2007,140 p., pp.107-121.

Des milliers de manifestations sont donc organisées chaque année et le réseau de l'Alliance est devenu un acteur important de la programmation culturelle francophone à l'étranger. Ainsi en 1980, les réseaux mexicain et argentin avaient chacun mis en œuvre autour de 2000 manifestations[1] ; le réseau péruvien comptait à son actif 1964 manifestations pour l'année 1987. Plus que jamais, le directeur d'une Alliance se révélait un « Maître Jacques » inépuisable qui, selon les termes du Secrétaire Général Philippe Greffet, doit :

« connaître tout le monde, et spécialement dans le domaine culturel [2] »

La recherche de partenaires locaux guide d'autant plus les directeurs (trices) que leurs ressources sont réduites ; elle amène ainsi les Alliances à mieux s'insérer dans le réseau local des acteurs culturels que d'autres institutions, plus riches parfois (telles le Goethe Institut par exemple). Ainsi en va-t-il des paradoxes de la pauvreté relative.

Redéploiement géographique

En trente ans, le réseau de l'Alliance Française s'est partiellement redéployé. Il est resté assez nettement sud-américain d'un côté, en dépit d'un recul certain (34 % en 2007)[3], mais de l'autre, s'est réorienté vers l'Asie et l'Afrique. L'Europe connaît une stagnation avec des situations contrastées, même si la désaffection est assez générale vis-à-vis du français dans les systèmes d'enseignement nationaux, surtout dans les pays ibériques qui étaient restés, à la fin des années soixante-dix, les bastions européens de l'Alliance Française ; et encore un élève sur trois était ibérique en 1991. Au Portugal par exemple, le

---

[1] Rapport annuel de Philippe Greffet pour l'année 1980, brochure, 32 p., *A A F*
[2] Colloque du 1er janvier 1985, brochure de 40 p., *Archives AF*.
[3] Symbolisé au Brésil par la suppression de l'épreuve de français au concours d'admission de la très prestigieuse école de formation des diplomates brésiliens.

rapport du choix anglais-français première langue dans l'enseignement secondaire est passé de 36/64 en 1980 à 68/32 en 1992. Les succès en Europe orientale ont partiellement compensé ce recul (32 Alliances en 1992). En Asie, l'aventure majeure connue par l'Alliance ces trente dernières années concerne la Chine où l'association a ouvert une dizaine de maisons, de Canton en 1989, de Changhaï en 1992 (grâce à deux mécènes chinois) ou de Pékin en 1995[1]. Le français est à la fois perçu comme langue de l'élévation sociale et langue utile pour le commerce dans le monde (en Afrique notamment) et en Chine même (où sont implantées 600 entreprises françaises).

Avec le réseau indien, l'Alliance comptabilisait 54 000 étudiants en Asie en 1996 (sur 3 milliards de personnes). Le réseau indien comptait 24 000 étudiants en 2005 et le réseau chinois 19 069. L'insigne faiblesse numérique ne doit pas pour autant masquer le fait que l'Alliance est quasiment la seule institution culturelle francophone dans beaucoup de ces régions…

En Afrique la décennie 90 fut celle d'une grande progression de l'Alliance. Voici les chiffres par grandes régions du monde à trois périodes distinctes :

	1982	1992	2007
Amé. du Nord	6, 7 %	6 %	8,5 %
Amér. du Sud+Antilles/Caraïbes	49, 5 %	43 %	34,2 %
Asie	12,2 %	16 %	18,9 %
Océanie	1,7 %	1,9 %	2,4 %
Afrique	8,5 %	11 %	17 %
Europe	19,1 %	20,6 %	18 %

[1] Nous renvoyons à la communication d'André de Bussy dans ce volume.

II. Les relations avec le MAE

Le rapprochement des deux réseaux

La première modalité de ce rapprochement concerna le remplacement d'Instituts français par des Alliances françaises. Pour des raisons financières – une Alliance non conventionnée[1] coûte en moyenne dix fois moins cher –, on assista progressivement, à partir des années quatre-vingt, au remplacement dans une même ville de l'Institut français par une Alliance Française. Ainsi en fut-il de Glasgow et de Caracas en 1981, de Wellington et Rotterdam en 1984, de Sendaï et de Sapporo (Japon) en 1986. En 1989, le Quai d'Orsay appela même à la fusion des deux structures dans certaines villes en oubliant le fait que les Alliances étaient des établissements de droit local…

Dans certains pays au contexte politique délicat, Pologne communiste des années soixante-dix, Chine post-maoïste, l'Alliance s'est vue confier une mission globale de représentation des intérêts culturels français.

Un autre signe du rapprochement tient à la reconnaissance officielle de la complémentarité des deux réseaux. Dans une certaine mesure, l'opposition qui exista, bien souvent, en maints endroits du globe, entre l'« esprit de chancellerie » et l'esprit « des va-nu-pieds » entreprenants s'est plutôt émoussée. Officiellement reconnue en 81, cette complémentarité se traduisit par une nette augmentation de la subvention versée à l'Alliance Française de Paris par le MAE grâce à l'action persuasive de Roger Gouze, le beau-frère de

---

[1] Sur les financements d'un centre culturel, on peut ainsi comparer les chiffres. En 2003, en moyenne, un Goethe Institut recevait 1, 25 millions d'euros, 1 British Institute 1 million, un Centre culturel français 500 000 et une Alliance Française conventionnée 170 000 euros. Chiffres donnés par le Secrétaire Général de l'Alliance Française, Jean-Claude Jacq, dans son Rapport général de 2003, *AAF*. Philippe Greffet dans son « Rapport pour l'année 1987 » notait qu'en 10 ans (1978-1988) les Alliances subventionnées à l'étranger par le MAE avaient reçu la somme qu'octroyait, annuellement, le Ministère à son réseau propre.

François Mitterrand (multiplication par 4 dans les années 80). Mais la réalité financière reste celle de l'autofinancement ; et grâce à de généreux mécènes, l'Alliance réalise des projets lourds, en termes financiers, un peu partout dans le monde : à Singapour, où pour les frais d'un nouvel établissement, l'apport local est de 35 MF en 1993 contre 6 millions pour le Quai.[1]

En 2006, la signature d'un avenant, en vertu duquel toute décision concernant le réseau devait être prise de concert par les 2 parties, est venue renforcer cette coopération entre le MAE et l'Alliance Française de Paris.

Frottements locaux

Il n'en reste pas moins que l'originalité du dispositif Alliance Française (comités de droit local, complètement indépendants, juridiquement, de la France) n'est pas toujours bien comprise (ou acceptée) de certains diplomates locaux, attachés ou conseillers culturels. Inversement, il existe une tendance de plus en plus marquée à l'autonomie de certains Comités locaux vis-à-vis des institutions officielles diplomatiques françaises dans la mesure où l'immense majorité des Comités sont très peu financés par la France. Ces Comités locaux, via leurs présidents, jouent désormais d'ailleurs un rôle certain au sein de l'Alliance dont ils sont, pour trois d'entre eux, membres de droit du CA parisien depuis la récente réforme des statuts. Un autre signe de cette montée en puissance des administrateurs non français des Alliances françaises serait, en 1996, la première invitation, enfin, faite aux présidents de comité de participer au colloque annuel organisé par l'Alliance française de Paris.

---

[1] Dans son « Rapport annuel d'activité pour l'année 1987 », Philippe Greffet notait qu'en 10 ans (1978-1988), l'Alliance avait touché 32 M d'aides pour l'achat de locaux, soit la même somme reçue en un an (en 1988) par le réseau des Instituts et Centre culturels dépendant du MAE (au titre donc des subventions d'investissement).

III. Forces et faiblesses pour l'avenir

Problèmes de la place du français dans les systèmes d'enseignement

Sans vouloir reprendre la rhétorique guerrière du « français en péril », ni la présentation caricaturale d'un prétendu « duel » entre le français et l'anglais – quelque chose d'infantile se produit à l'occasion de ces classements où, selon certains, ne plus être premier équivaudrait à n'être « plus rien » – on ne peut que constater que l'équilibre rompu entre les deux idiomes durant les trente dernières années.

Le déclin du français dans la plupart des systèmes scolaires est un phénomène de grande ampleur qui pèse sur l'ensemble du réseau culturel extérieur traditionnellement articulé autour de « publics captifs », formés initialement en français. En 1996, seulement 11 % des effectifs scolaires en Allemagne apprenaient la langue de Molière, 2,8 % en Espagne, 3,43 % en Russie, 3,48 % en Pologne, 3,3 % en Argentine[1]…

L'Espagne où, jusqu'en 2005, une seule langue étrangère était enseignée (avec cependant dans certaines autonomies une deuxième langue optionnelle obligatoire comme en Galice et en Andalousie) a connu en vingt ans une désaffection telle que les statistiques d'étudiants de français en 1ere année dans beaucoup d'universités tournent entre 40 et 50[2].

Devant ce feu généralisé, l'Alliance se trouve tel un pompier au sol avec ses quelques lances, là où on attendrait des canadairs ! On peut en outre, aux yeux de certains observateurs, s'interroger sur le bien fondé des politiques menées par les ambassades quant à la politique du soutien au

---

[1] Chiffres cités par Alain Rey, in Alain Rey Frédéric Duval Gilles Siouffi, *Mille ans de langue française*, Paris, Perrin, 2007, 1465 p., p.1296.

[2] Ana Gonzales-Salvador, « L'impasse des études de français dans les universités espagnoles », *Cahiers de l'Association internationale des études françaises*, Mai 2002, n°54, pp.27-37.

français. Le cas espagnol révèle, autour de 1985, une fracture entre les professeurs de français locaux et les services culturels de l'ambassade accusés de privilégier une politique linguistique tournée essentiellement vers des publics non universitaires et vers le français « utilitaire » (abandon de la politique des « lecteurs de français » et recours à la mise en œuvre des « centres de ressources sur la France contemporaine »). Éternel débat – sans doute un peu trop simplifié – on le comprendra, entre les partisans de l'action pédagogique et linguistique d'un côté, et les partisans de l'action culturelle de l'autre[1]. Les progrès de l'Alliance Française en termes d'effectifs ne doivent donc pas masquer l'effondrement qui s'est produit dans les lieux classiques (lycées et collèges) d'apprentissage du français. D'autant que l'Alliance, pour l'instant du moins, ne paraît pas en mesure de redresser des situations très compromises dans certaines régions du monde, et qui pourraient même s'aggraver[2].

Faiblesses matérielles du réseau de l'Alliance Française

La situation la plus préoccupante porte sur l'Europe. L'Alliance Française compte là trop peu de détachés pour espérer améliorer significativement la situation. Ainsi l'Espagne en 2000 disposait de 3 détachés et la Grande-Bretagne de 4. En 2005, 8 % seulement des postes de détachés de l'Alliance se trouvaient en Europe.

En outre, certains détachés de l'Alliance parmi les plus accaparés (parce qu'il dirige une grosse Alliance et/ou parce qu'ils sont délégués généraux) sont souvent investis de

---

[1] On lira les commentaires acerbes d'Antoine Compagnon sur les méfaits du « culturalisme » aux dépens de l'enseignement de la langue, in « Pourquoi le français devient une langue comme les autres », *Le Débat*, n°104, mars-avril 1999, pp.95-105.
[2] L'Angleterre vient récemment de modifier l'enseignement des langues étrangères entre 11 et 14 ans en permettant aux écoles de proposer d'autres langues que celles parlées dans l'UE. Il est à craindre que cette mesure ne pénalise le français et l'allemand. Voir *Le Monde*, 7 février 2007.

fonctions officielles à l'Ambassade de France en tant qu'attaché culturel ou attaché linguistique. On conçoit que le bon développement des Alliances s'en retrouve freiné.

Enfin le réseau de l'Alliance comporte d'étonnantes faiblesses (les pays arabes sont peu présents) ou des situations assez précaires (le Japon).

Forces d'un réseau mondial décentralisé

Tout d'abord, des remèdes financiers et organisationnels peuvent contribuer à améliorer le bon fonctionnement de l'Alliance Française. Un projet de *Fondation* (projet esquissé dès le début des années 80) a été envisagé qui permettrait à l'Alliance Française de Paris de mener une politique globale de solidarité et de développement, via des redéploiements de postes et une sélection plus autonome de certains futurs directeurs. En juillet 2007, cette Fondation a effectivement vu le jour. La question d'une aide accrue du MAE est aussi régulièrement posée. Celle-ci s'avère très faible globalement (4 % du budget total de l'Alliance de Paris), même si elle représente 16 % des crédits destinés aux établissements culturels français à l'étranger (soit 6 mois de subvention de l'Opéra de Paris). De plus, des rumeurs et des projets circulent assez régulièrement depuis une dizaine d'années selon lesquels on pourrait, in fine, confier tout le réseau culturel extérieur à l'Alliance. Sans doute l'impécuniosité de l'État inspire-t-elle, en grande partie, de tels propos quand on sait que le réseau de l'Alliance fonctionne, assez héroïquement parfois, avec des fonds réduits. En même temps, une telle éventualité remettrait en cause l'indépendance juridique des Alliances et mettrait à bas tout leur édifice si spécifique.

En effet, préserver et nourrir constamment cette matrice juridique, symbolique et organisationnelle d'une rare originalité semble la première priorité de tous ceux qui connaissent bien le fonctionnement de l'Alliance et entendent lui préserver ses atouts : confier à autrui le soin de diffuser librement les valeurs de la langue et de la culture françaises reste peut-être le dispositif le plus fécond qui jamais ait existé dans le domaine de l'action culturelle extérieure. Dans un monde où l'homme-machine (la mondialisation des objets) côtoie l'homme-racine (la tribalisation des sujets), l'Alliance Française a inventé, comme le disait joliment le Secrétaire Général de l'Alliance, Philippe Greffet, en 1979, « l'homme-cœur » : soit la pratique d'un universel culturel sincèrement partagé entre des hommes dispersés aux quatre coins du monde. Si elle n'existait pas, il faudrait, derechef, inventer une telle formule dit-on bien souvent à son propos. Celle-ci ne mêle-t-elle pas action dans une francosphère mondiale – au-delà de l'espace de la francophonie classique (africaine) –, avec le soutien d'acteurs non politiques, au service de publics assez larges[1] ? La formule se passe de commentaires. De surcroît, ce réseau mondial a depuis trente ans, selon les désirs de Philippe Greffet dans les années quatre-vingt, constamment renforcé ses liens internes et intelligemment mutualisé les expériences. La création, en 1979, d'une rencontre annuelle (en janvier) à Paris de l'ensemble des acteurs du réseau a joué un rôle décisif ; et à l'intérieur de tel ou tel pays, ou dans les zones géographiques régionales – en 1981 les Alliances d'Asie tinrent leur premier colloque à Penang, celles d'Europe en 1982 à Amsterdam et celles d'Afrique en novembre 2009 – les échanges ont été également systématiquement encouragés.

Si ce bilan, assez optimiste dans l'ensemble, doit, sinon aider les Français à renoncer à leur romantisme du désespoir, du moins permet-il de réfléchir utilement sur les raisons (on n'ose pas dire les recettes) d'un succès, discret certes, mais bien réel. Deux éléments ont compté pendant ces trente années. Tout d'abord, demeure la capacité à se renouveler et à s'améliorer continûment à travers un degré plus élevé de

---

[1] Ainsi L'Alliance créa à Soweto un centre dans les années soixante-dix.

professionnalisation des méthodes, l'esprit d'entreprise toujours persévérant de centaines de personnes qui permettent à une « vieille » association d'afficher une véritable jeunesse d'esprit et d'allier, autant que faire se peut, recherche de la qualité avec le souci de « faire du nombre ». À condition de « s'évertuer », comme le Figaro de Beaumarchais, de montrer charme, intelligence, débrouillardise, attention à autrui, les représentants (tes) de l'Alliance Française continuent d'obtenir de forts beaux succès, mais trop peu connus, sinon des Français du moins du sombre coryphée « décliniste » fort présent dans les médias. De manière patente, demeure une capacité à s'appuyer, pour réussir ses métamorphoses, sur l'ancienneté d'une tradition[1] à laquelle on se montre intelligemment fidèle en dépit de l'usure du temps.

À travers ce court morceau d'histoire et cet exemple d'une association devenue une multinationale de l'Esprit, il est possible de conclure que la France, à travers sa langue et sa culture librement proposées à des centaines de milliers d'étrangers par l'intermédiaire des comités de l'Alliance Française, sans arrogance ni esprit d'étroit provincialisme, reste encore assez fortement présente et désirée dans le monde. Et elle atteste, de manière heureuse d'une chose plutôt rassurante : la mondialisation ne rime pas forcément avec montée de la non-communication.

---

[1] Une comparaison avec le MAE serait à élaborer : d'un côté, à l'Alliance, un effort (à travers notamment la durée assez longue des mandats du Secrétaire général et du Président) pour créer de la mémoire vive, de l'autre, au MAE, une administration qui semble indifférente à son histoire, un peu engloutie dans le constant renouvellement de ses personnels de direction et de ses objectifs.

L'AUF et la coopération universitaire francophone

Michèle Gendreau-Massaloux

L'Agence universitaire de la Francophonie est une institution indissociablement universitaire *et* francophone. Si elle doit beaucoup, sur le plan des principes, à un numéro de revue demeuré célèbre, qui s'intitulait, en 1962, « *Le français, langue vivante* »[1], elle est aussi fortement tributaire des mouvements politiques qui ont conduit à l'émergence d'une Francophonie institutionnelle, aujourd'hui incarnée, au sein de l'Organisation Internationale de la Francophonie, par son secrétaire général, le Président Abdou Diouf. Quant à sa dimension universitaire, elle a permis à l'AUF de conserver son identité et de faire désormais partie des organismes qui, dans le monde entier, portent la formation des jeunes à un niveau de qualité mesurable.

L'histoire de l'AUF reste indiscutablement liée à celle de la Francophonie institutionnelle. Ainsi, l'année 1962 marque la conjonction de trois réalités : tout d'abord, l'apparition d'un projet de coopération, qui se concrétisera plus tard par la création de l'ACCT (Agence de coopération culturelle et technique), grâce à la première conférence des États

---

[1] « *Le français, langue vivante*, **Esprit**, Paris, novembre 1962.

francophones, réunis significativement à Niamey en 1969[1] ; ensuite la volonté politique du Québec de faire du caractère « francophone » à la fois le signe d'une identité propre et le socle d'une volonté d'autonomie au sein de l'ensemble canadien ; enfin, la prise de position de Léopold Sédar Senghor, Habib Bourguiba, Amani Diori ou encore Norodom Sihanouk en faveur du français, prise de position relayée, notamment, par la presse québécoise et, au niveau universitaire, par deux personnalités, André Bachand, alors directeur des relations extérieures de l'Université de Montréal, et Jean-Marc Léger, journaliste au quotidien montréalais *Le Devoir*. La conjonction de ces trois réalités est à l'origine d'un mouvement de solidarité internationale entre les pays considérant le français comme l'une de leurs langues.[2]

I. Historique de l'AUF

Si la Francophonie politique a tardé à se concrétiser, c'est en grande partie du fait du refus systématique de Pierre Elliot Trudeau, alors Premier ministre du gouvernement fédéral d'Ottawa, de siéger, lors des conférences internationales, à la même table que René Lévesque, Premier ministre souverainiste du Québec, qu'il n'acceptait pas de considérer comme son « homologue ». L'élection de Martin Brian Mulroney, en 1984, à la tête du gouvernement canadien a, heureusement, changé cette donne et a permis de réunir, pour la première fois, en mars 1986, un Sommet politique de la Francophonie.

L'histoire proprement universitaire du mouvement francophone commence dans les années soixante. Se fondant

---

[1] Conférences de Niamey I (1969) et Niamey II (1970) ; fondation de l'ACCT, le 20 mars 1970.
[2] Cf. M. Gendreau-Massaloux, « La francophonie, naissance d'une institution », *La lettre de l'Institut François Mitterrand*, numéro 9, septembre 2004, p.2-4.

sur leur désir commun de voir le français reconnu comme une langue d'enseignement supérieur et de recherche, un certain nombre d'universitaires, parmi lesquels des membres de l'Église catholique – dont Monseigneur Irénée Lussier, recteur de l'université de Montréal –, ont alors dessiné les contours d'un réseau associant des pays emblématiques, comme le Sénégal, le Niger ou la Tunisie. A partir de là, le soutien engagé du Québec et du Canada a permis la constitution d'une association d'universités. C'est ainsi qu'en 1961, Monseigneur Irénée Lussier, Lucien Paye, recteur de la toute jeune Université de Dakar, et Robert Mallet, chancelier des universités de Paris, ont, avec quelques autres, fondé l'association des universités partiellement ou entièrement de langue française (AUPELF). Cette dimension associative est fondamentale, car elle constitue à la fois la garantie d'une liberté et le risque d'une fragilité. À la suite de Monseigneur Lussier, un président issu du Maghreb a été élu recteur de l'AUPELF, Mohamed El Fasi, figure emblématique, érudit marocain qui a donné son nom à l'un des premiers prix scientifiques décernés par l'association pour récompenser l'œuvre scientifique d'un chercheur et l'excellence naissante des pays émergents en matière de recherche. Au sein de l'AUPELF, la coopération universitaire est donc première, ce qui apparaît clairement dans les statuts de l'association. Une instance suprême se réunit tous les trois ans. Cette Assemblée générale, qui regroupe les représentants des établissements membres, élit un Conseil d'administration constitué d'un président, de deux vice-présidents et de six membres, chargé de mettre en œuvre une politique collégialement définie. Dans cette assemblée d'universités francophones, les universitaires sont les décideurs. Ce signe fort, constitutif, perdure jusqu'à aujourd'hui.

Lors de l'Assemblée générale de 1972, à l'initiative du recteur Mallet, la France, jusque-là en retrait par rapport à l'engagement initial des Africains et des Québécois, s'investit à son tour dans ce mouvement associatif, dont le recteur

Mallet est alors nommé président. Il s'en fera le porte-parole et restera très fier de cette nomination. Le réseau compte, à cette époque, environ 40 universités membres, installées dans une dizaine d'États qui commencent à s'interroger sur la possibilité de trouver des financements complémentaires pour cette jeune institution.

En même temps que l'association vit, ou plutôt vivote sur des ressources essentiellement limitées aux cotisations de ses membres, le mouvement politique se développe. L'ACCT, dont les activités concernent principalement la culture et l'enseignement primaire et secondaire, porte un intérêt très réel au développement de l'AUPELF. Lors du Sommet des chefs d'État et de gouvernement ayant en commun l'usage du français qui se réunit à Québec, en 1987, un projet de transformation de l'AUPELF est présenté. Il s'agit d'adjoindre à l'association une « université des réseaux d'expression française » (UREF). On parlera désormais de l'AUPELF-UREF, Agence francophone pour l'enseignement supérieur et la recherche. Progressivement toutefois, l'intérêt des États faiblit face au manque d'indicateurs de performance et d'efficacité. Les dépenses de personnel s'avèrent considérables ; le poids des frais généraux par rapport au budget alloué aux programmes devient excessif. Une crise, financière et de gouvernance, conduit les chefs d'État, lors du Sommet de Moncton en 1999, non seulement à remplacer le recteur en poste, mais à réclamer la rédaction de nouveaux statuts. Un choix crucial se pose alors quant à la position que doit adopter l'association vis-à-vis des États. Ce choix puise ses racines dans l'évolution même de l'AUPELF. Dès le Sommet de Dakar en 1989, la communauté universitaire francophone, consciente des limites de ses moyens financiers, s'est rapprochée de la Francophonie politique : en accord avec les chefs d'État et de gouvernement, l'AUPELF a obtenu le statut d'opérateur de la Francophonie. Lors du Sommet de Hanoi, en 1997, la Francophonie institutionnelle s'est par ailleurs transformée : Boutros Boutros-Ghali a été nommé au poste de secrétaire général d'un Conseil permanent qui adoptera, en 1998, l'appellation d'Organisation internationale de la Francophonie (Abdou Diouf lui succèdera en 2002). Autour de lui agissent divers opérateurs : l'ACCT, qui devient l'Agence intergouvernementale de la Francophonie (AIF) et l'AUPELF-UREF, qui devient l'Agence universitaire de la Francophonie ; TV5 ; l'Association internationale des Maires francophones (AIMF) ; l'Université Senghor d'Alexandrie... Ce montage complexe permet à l'AUPELF-UREF de bénéficier non seulement des cotisations de ses universités membres, mais également des financements des États. En contrepartie, l'association devient tributaire des décisions politiques de la Francophonie institutionnelle qui peut, le cas échéant, lui confier des missions gouvernementales. Lors de la crise financière de 1999, avant la rédaction des nouveaux statuts de l'association, une question fondamentale se pose donc, qui implique l'ensemble des partenaires, c'est-à-dire les Français, les Canadiens, les Québécois, les Belges, mais aussi les Africains et les représentants d'Asie et d'Europe centrale et orientale. L'AUF doit-elle devenir un « double » universitaire de l'AIF pilotée par les États, ou bien conserver son caractère prioritairement universitaire ? C'est cette dernière formule qui l'a emporté.

II. L'AUF et son dispositif d'action

Lors de son Assemblée générale, à Québec en 2001, l'AUF adopte des statuts qui confirment sa nature d'association de droit québécois, avec un Conseil d'administration de 26 membres, parmi lesquels 11 représentants de 11 des 55 pays membres de l'Organisation internationale de la Francophonie et 15 recteurs et présidents d'université. Les universitaires conservent la majorité. Cette stabilisation institutionnelle a permis à l'AUF de se constituer en véritable représentante des universités, et de faire de ses programmes autant de moyens de répondre aux demandes de ses membres. Elle a été, en outre, à l'origine d'un élargissement considérable des demandes d'adhésion : les universités, constatant que des procédures transparentes étaient mises en place, clairement définies et détaillées dans un *Guide des procédures et des programmes*, ont en effet souhaité massivement rejoindre ce mouvement synonyme, désormais, d'équité et de partage. De plus, les nouveaux statuts ont encouragé le processus d'adhésion : toute université, tout centre de recherche, toute grande école accueillant une filière qui délivre un diplôme en langue française peut désormais prétendre à l'adhésion à l'AUF. Outre le Conseil d'administration et le Conseil scientifique, les statuts adoptés à Québec ont prévu, afin d'examiner les demandes d'adhésion, un Conseil dit « associatif », exclusivement composé d'universitaires. Les dossiers sont étudiés à l'aune de critères comme la compétence universitaire des professeurs, mais aussi leur statut (permanents ou vacataires), ou encore la reconnaissance des diplômes de l'institution par l'État qui l'abrite. Nous sommes ainsi passés de 210 universités membres en 1998 à 659 à ce jour. Les établissements membres peuvent être titulaires ou associés. L'adhésion leur permet d'obtenir des services identiques (bourses de mobilités, programmes de coopération scientifique interuniversitaire, pôles d'excellence régionaux, etc.). En revanche, seuls les membres titulaires ont le droit de vote lors de l'Assemblée générale, réunie tous les quatre ans, qui élit les représentants aux Conseils scientifiques, associatif et d'administration, ainsi que le président de l'Agence. En parallèle à l'instauration de ces règles transparentes, l'institution a connu une simplification en termes de programmes. Avec l'adoption d'un plan stratégique décennal lors du Sommet de Ouagadougou en 2004 et la transformation de la Francophonie institutionnelle (en 2005, l'AIF comme opérateur principal distinct du Secrétariat général de la Francophonie a disparu au profit d'une organisation unique, l'Organisation internationale de la

Francophonie), quatre missions ont été définies pour l'ensemble de la Francophonie. La traduction de ce nouveau schéma a conduit à la création de quatre programmes au sein de l'Agence universitaire de la Francophonie.

Le programme A concerne la langue française et la diversité culturelle et linguistique. Il appuie les départements universitaires de français, les centres de langue et des filières de formation de formateurs en français (intervenant dans toutes les disciplines), notamment en Europe de l'Est et en Asie du Sud-est où elles se développent en nombre croissant, dans une intéressante dynamique régionale, et bientôt au Moyen-Orient. Il regroupe aussi des chercheurs individuels en réseaux de linguistes, mais aussi de didacticiens, de littéraires et de spécialistes des métiers de la culture et de la création, c'est-à-dire de disciplines artistiques. Ce programme est au cœur de l'identité francophone, qui ne se définit pas comme une promotion de la langue, mais comme une coopération solidaire entre les langues et les cultures, dans la perspective de leur accès au développement partagé.

Le programme B porte sur la démocratie et d'État de droit ; il associe les départements de droit de nos universités membres pour faire émerger des recherches portant en particulier sur les variétés de droit francophone, qu'elles soient liées à la Common Law (Canada), au droit coutumier (Haïti) ou au droit de source musulmane (Charia), influençant le droit de source francophone et nécessitant des points de consensus et de négociation. Ce programme compte aussi des recherches portant sur la philosophe du droit ou encore le droit de la santé (composante essentielle de la formation des médecins).

Le programme C, dédié à l'éducation, dispose de deux volets. Le premier propose un soutien au renforcement de l'excellence universitaire et de la recherche : il se décline sous la forme de diverses propositions, des programmes de coopération scientifique inter-universitaire (PCSI) à la bonne gouvernance, en passant par les pôles d'excellence régionaux ou les bourses. Le second volet est lié à l'appropriation des nouvelles technologies par les universités. Notre action se développe, dans le monde entier, à partir de campus numériques francophones et de centres d'accès à l'information, ouverts dans les universités membres, qui permettent l'accès à des dispositifs de visioconférences et d'enseignement en ligne, à des bases de données numérisées, en français ou dans d'autres langues. Ces campus sont extrêmement fréquentés, en particulier en Afrique, où ils garantissent notre notoriété : de Nouakchott à Bujumbura en passant par Madagascar. Ils permettent à l'AUF de prendre rang parmi les fournisseurs reconnus d'enseignement à distance, validé par des diplômes universitaires.

Le programme D concerne l'environnement durable. Il regroupe les réseaux de chercheurs, les filières et les institutions qui travaillent sur l'eau, l'aridité, les sols, la réduction des émissions de CO_2, les énergies renouvelables. Ces réseaux entretiennent en outre des relations de plus en plus bénéfiques avec le monde des entreprises, en développant les partenariats. Grâce au soutien financier accru de la France, l'AUF a pu ces dernières années accroître de manière sensible ses possibilités d'action. Lors du prochain Sommet de la Francophonie, qui se réunira à Québec en novembre 2008, nous espérons que le soutien des chefs d'État et de gouvernement, ainsi que leur respect de notre indépendance universitaire, ne faibliront pas. L'AUF s'est progressivement construite de manière autonome à l'intérieur d'un ensemble institutionnel plus vaste. En tant que telle, l'AUF reste soucieuse de conserver son indépendance tout en s'associant avec enthousiasme aux objectifs définis par les Sommets des chefs d'État et de gouvernement de la Francophonie. Elle participe aujourd'hui au renforcement de l'autonomie décisionnelle de ses membres universitaires et de leur solidarité, tout en continuant de montrer que la science peut s'écrire au Sud comme elle s'écrit au Nord. Le premier cours mondial de droit de l'Internet en français n'est-il pas dispensé à partir de l'Université Gaston Berger de Saint-Louis, au Sénégal ?

D'ÉduFrance à CampusFrance (1998-2008)
Agence de services ou instrument d'une politique publique ?

André Siganos

La France, on le sait, occupe une place prééminente du point de vue de la mobilité académique internationale puisqu'elle était en 2006 le troisième pays d'accueil avec 265.000 étudiants étrangers, derrière les États-Unis et la Grande-Bretagne, l'Allemagne lui disputant régulièrement ce classement. D'aucuns attribuent, au moins pour partie, ce résultat plutôt flatteur, compte tenu des moyens globalement engagés, à la création d'ÉduFrance.

Après la Grande-Bretagne quatorze années plus tôt, la France avait en effet décidé en 1998 de se doter d'une agence nationale de promotion de l'enseignement supérieur français, compte tenu précisément d'un attrait durablement décroissant de notre pays dans ce domaine. Aujourd'hui, cette agence poursuit ses missions sous le nom de CampusFrance dans le cadre d'une nouvelle convention du groupement d'intérêt public qui la constitue et elle fête cette année son dixième anniversaire. Elle achève probablement ainsi un premier cycle de mues qui l'auront fait passer d'une approche très économique du marché mondial de l'éducation à la mise en oeuvre d'une administration de missions. Les questions qui se posent depuis la naissance de cette agence, on va le voir, ne sont toujours pas tranchées : qui en définit la stratégie, à quel niveau opérationnel se situe-t-elle par rapport à d'autres opérateurs de la mobilité qui gèrent plus qu'ils n'impulsent (Egide, Cnous, Sfere, Agence européenne EEFF (ex Socrates-Leonardo), quelles sont les missions qu'on lui attribue vraiment, puisque celles-ci varient au fil des renouvellements du Groupement d'intérêt public et que l'on demande invariablement depuis 2002 à celui-ci de se définir lui-même ?

Sans prendre le moindre parti (quelle légitimité aurions-nous pour le faire ?) et selon une lecture aussi « à plat » que possible d'une abondante documentation, notre propos sera ici d'examiner d'abord les raisons qui ont amené l'État français à la création de cette Agence ; puis d'analyser les mutations de celle-ci, de façon à mieux percevoir dans l'environnement mondial actuel quelle est la pertinence du schéma qui semble vouloir se mettre en place, compte tenu des attentes de l'ensemble des acteurs institutionnels.

I. 1998-2002 : Politique publique ou création d'une marque : l'échec partiel du premier GIP.

Il suffit de relire la conférence de presse donnée le 6 novembre 1998 par Claude Allègre, Hubert Védrine et Charles Josselin, respectivement ministre de l'Éducation nationale, ministre des Affaires étrangères et ministre délégué à la Coopération et à la Francophonie, pour comprendre que les fondamentaux n'ont pas totalement varié depuis lors, malgré, on va le voir, une évolution dans les missions assignées à l'Agence. Le travail commun développé entre les deux ministères par le biais de CampusFrance repose toujours en effet sur une complémentarité d'expertise et de compétences – dans les administrations respectives comme sur le terrain à l'étranger – complémentarité déjà mise en œuvre par la Grande-Bretagne qui avait créé en 1984 l'*Education Counselling Service*, dans le cadre d'un *new public management*.[1]

Il y a dix ans déjà, en effet, un double positionnement se faisait jour dans les propos des ministres : la création de cette agence n'était pas seulement « une construction administrative » ; il y avait nécessité pour la France d'entrer, avec agressivité, sur le marché de l'éducation pour en retirer des avantages économiques directs ; l'Agence devait « vendre notre offre de formation supérieure », et dans le même temps, elle devait aider à « gagner la bataille du XXIe siècle de la matière grise » en favorisant la venue des élites « solvables » des grands pays émergents. On souhaitait s'adresser directement à une population étudiante internationale individuelle et consumériste qu'il fallait séduire, notamment par l'organisation de salons professionnels. Dans le même temps, on développait, en vertu d'un volontarisme politique, l'idée d'une capacité d'influence *(soft power)* dont l'Agence devait être l'instrument. Il y avait d'ailleurs urgence puisque la croissance annuelle d'étudiants étrangers en France était négative depuis 1994. Enfin, il était demandé de mettre en place une « stratégie de codéveloppement spécifique à l'Afrique » pour des formations professionnelles, mission pour laquelle l'Agence n'était pas requise. Aux questions posées par les journalistes, Claude Allègre répondait qu'ÉduFrance ne devait rien coûter à l'État après une subvention significative initiale ; l'objectif clairement assigné était de « faire mieux que les Australiens » en laissant à « une

---

[1] Pour une comparaison très documentée de ce qui aurait pu passer pour un transfert transnational de politique publique, voir l'article de Anneliese Dodds, « Le développement des agences en Grande-Bretagne et en France : l'exemple d'EduFrance, transfert d'outre-Manche ou création indigène ? », *Revue française d'administration publique* 2004/3, N°111, p. 483-500.

Agence autonome sa dynamique propre », à partir d'une grande capacité d'autofinancement.

Anneliese Dodds, chercheuse à la London School of Economics, a fort bien analysé ce qui s'est passé ensuite : ÉduFrance, dans cette première période, a été critiquée pour sa politique de marchandisation de l'enseignement supérieur, pour son autopromotion, mais aussi pour la concurrence directe qu'elle exerçait vis-à-vis de ses propres adhérents par ses prestations d'accueil. Les résultats en termes purement numériques, comme le relèvera un rapport de la Cour des comptes, montrent non seulement que les objectifs ne sont pas atteints, mais qu'ils ne sont probablement pas les bons, puisque l'Agence sous-traite largement à d'autres opérateurs l'accueil des étudiants étrangers, sans pour autant parvenir à en attirer un très grand nombre. Le fait qu'elle promouvait sans discernement la première école de commerce venue ou les meilleures universités françaises n'aura guère arrangé les choses. En dépit de ces critiques sévères, ÉduFrance s'est imposée peu à peu comme une marque, notamment par la réalisation de salons professionnels de grande qualité, le tout premier, au Mexique, ayant été inauguré par le Président de la République, Jacques Chirac.

La création d'un Conseil National de la Mobilité en 2001, présidé par le professeur Elie Cohen, fut le premier signe d'une nécessité de recentrement des activités de l'Agence par rapport à celles que mettaient en œuvre d'autres acteurs de la mobilité, qu'il s'agisse de ses prestations de nature commerciale ou de ses activités d'expertise en ingénierie pédagogique. Il s'agit là en réalité du premier signe d'évolution de l'Agence, qui connut ainsi une première « mise au pas » par la création d'un organisme consultatif supplémentaire visant à mieux coordonner ses activités avec celles d'autres opérateurs et à mieux répondre aux exigences de l'attractivité de la France par l'enseignement supérieur en s'ouvrant à d'autres partenaires potentiels. L'apparition de cette nouvelle entité montrait bien en effet l'insuffisance du « comité consultatif», pourtant prévu dans les textes, présidé par le Directeur Général de la Chambre de commerce et de l'industrie de la ville de Paris, et censé rapprocher, notamment, ÉduFrance du monde de l'entreprise.

Dans le même temps, souligne la chercheuse, ÉduFrance a concentré également sur elle d'autres jugements négatifs, puisque sa création, pense-t-elle, a permis au gouvernement de se défausser de ses responsabilités en matière de politique d'accueil des étudiants étrangers.[1] Ce qui n'empêche pas que la formule juridique choisie, celle d'un groupement d'intérêt public (GIP), ait donné tout loisir au gouvernement d'exercer sur ce dernier un contrôle qui ne cessera de s'accentuer jusqu'aujourd'hui, faisant progressivement de cette agence un véritable instrument de politique publique.[2]

Durant cette première période, on remarque aisément la différence qui existe entre les difficultés que rencontre ÉduFrance à se faire reconnaître sous le feu des critiques et la « veille » que l'agence britannique exerce consensuellement sur la qualité de la marque *Education UK* créée en 2000 ; sans doute précisément parce que l'*Education Councelling Service* n'en retire aucun bénéfice direct alors que le *British Council* en use avantageusement, au même titre que les établissements de Grande-Bretagne[3].

---

[1] « EduFrance a assumé un véritable leadership concentrant sur elle l'essentiel de la conflictualité politique contenue dans les modifications de la politique en matière d'étudiants étrangers. », Anneliese Dodds, *art .cit.,* p. 498.

[2] Les établissements fondateurs de ce GIP (ils sont plus de deux cents aujourd'hui) étaient constitués d'un groupe très restreint de 7 établissements : l'Institut National des Langues et Civilisations Orientales, l'École Nationale Supérieure des Arts et Métiers, les universités de Nice, Grenoble II, Nancy 1, l'Institut National Polytechnique de Grenoble, et l'École des Hautes Études Commerciales du Nord.

[3] À notre connaissance, l'*Education Councelling Service* est subventionné à part à peu près égale par l'État, les établissements et le *British Council*.

En 2001, Odette Trupin dans son rapport d'information à l'Assemblée nationale sur la politique éducative extérieure de la France, particulièrement documenté, souligne que notre pays ne s'est pas encore doté de l'outil nécessaire à une politique volontariste, à l'instar du *British Council*, qui s'appuie sur l'expertise de l'*Education Counselling service*, lequel dès cette époque avait sous contrat trois cents *Advisers* appartenant pour les trois quarts d'entre eux à une cinquantaine d'établissements britanniques. La députée insiste par ailleurs sur l'intérêt qu'aurait la France à posséder « une structure puissante et autonome comme le *Deutscher Akademisher Austauschdienst* (DAAD) pour mener une politique qui est à la fois souhaitée par les universités et soutenue par le gouvernement, sans tomber dans le piège du tout commercial. »[1] Dès cette époque, un diagnostic était posé :

« La séparation stricte entre la fonction d'impulsion et la gestion opérationnelle, que les Britanniques et les Allemands ont intégrée depuis longtemps, n'est pas très incitative et difficilement évaluable en France en termes de résultats. En ce qui concerne le système des bourses notamment, il est évident qu'une remise à plat serait souhaitable : on assiste actuellement à un « saupoudrage », sans stratégie globale. Il faut certes des bourses à disposition des ambassades, mais il semble également qu'une coordination soit indispensable, et le lieu « naturel » de cette coordination devrait être ÉduFrance. Cela constituerait un levier pour

---

On verra d'ailleurs que le succès actuel de CampusFrance s'inscrit dans cette logique de labellisation, de reconnaissance de qualité, de coordination d'acteurs de la mobilité, l'Agence laissant à d'autres opérateurs, publics et privés, le soin de gérer directement l'accueil des étudiants étrangers comme les bourses et les programmes inhérents à ce type de mobilité (Egide, le Cnous, la Sfère, la CIUP notamment, sans même évoquer la multitude des centres de FLE dépendants ou non des universités).

[1] Odette Trupin, « Rapport d'information 3204 du 27 juin 2001 déposé par la Commission des Affaires étrangères », p.23. On y découvre d'ailleurs au passage que l'objectif de 200.000 étudiants étrangers que la Direction de la Coopération Internationale et du développement fixait comme objectif atteignable dans les cinq ans a été largement dépassé (265.000 en 2006).

inciter les universités à bâtir un projet international. Le rôle de la DGCID se réduirait essentiellement au pilotage de l'Agence, mais la France aurait une réelle présence sur le marché de l'éducation avec un opérateur unique. Cette Agence pourrait dépendre conjointement des ministères des Affaires étrangères et de l'Éducation nationale qui l'évalueraient à partir des objectifs fixés au préalable. »[1]

II. 2002-2006 : Une reconnaissance durement acquise

À la lumière des divers rapports d'évaluation, notamment celui de la Cour des Comptes, la deuxième période d'ÉduFrance[2] montre une évolution significative : les deux ministères de tutelle redéfinissent les missions fondamentales de promotion à l'étranger de l'offre française de formation en enseignement supérieur et de facilitation de l'accueil en France d'étudiants étrangers, en insistant sur le rôle de coordination de l'agence dans ces domaines.[3]

Au-delà, il lui est demandé de remettre en question ses prestations commerciales dans le domaine de l'accueil et de l'ingénierie éducative, de développer des partenariats européens, et d'étudier, enfin, « son avenir statutaire, en envisageant un rapprochement avec les autres structures. » Il est par ailleurs bien précisé que cette mission de promotion et de coordination de l'accueil est une mission de service public.

Quelques mois plus tard, le ministre de l'Éducation nationale, de l'Enseignement supérieur et de la Recherche insiste à nouveau sur la réflexion que doit mener l'Agence en termes d'orientation stratégique et de statut, en veillant à « proposer une structure dont les missions correspondent particulièrement à l'attente des établissements

---

[1] *Ibid., id.*, p. 29.
[2] Le GIP EduFrance a été renouvelé le 20 octobre 2002 pour une période de quatre ans.
[3] « ... en mettant en place une démarche globale de qualité et de partenariat avec les tutelles, les adhérents et l'ensemble des acteurs et instances intervenant dans les secteurs de la promotion de l'enseignement supérieur et de l'accueil des étudiants étrangers. »

d'enseignement supérieur français » ; cette nouvelle structure devrait « être capable de se mesurer aux organismes étrangers et de mettre en œuvre une politique offensive et cohérente afin d'attirer et de former l'élite mondiale en France. »[1]

Cette lettre de commande donnera lieu au rapport Audric-Binder de janvier 2004, qui souligne à quel point l'avenir d'ÉduFrance était compromis en 2002, et préconise lui aussi, après une exposition très complète du fonctionnement des grandes Agences allemande et britannique ainsi que de notre système de bourses, un rapprochement entre la partie internationale du CNOUS, Egide et ÉduFrance, tout en suggérant, dans un de ses scénarii, l'inclusion de la coopération universitaire.[2]

On notera au passage que les nouvelles orientations de l'Agence paraissent convenir aux établissements, puisque 167 d'entre eux, dont 65 universités, signent la nouvelle convention constitutive.

Durant cette période, ÉduFrance développe sa compétence en termes de salons professionnels, bientôt reconnue par la Commission européenne qui lui attribue un important marché triennal pour coordonner une action en Asie des principales agences nationales citées jusque-là comme des modèles : le DAAD, le *British Council*, et l'agence néerlandaise NUFFIC. Les représentations d'ÉduFrance à l'étranger se multiplient, leurs relations avec les postes diplomatiques se pacifient, d'autant plus que les visées commerciales de cet opérateur tendent à disparaître et que croissent les capacités de l'Agence à répondre aux besoins des établissements.

---

[1] Respectivement, lettre à Gérard Binder, Président du CA de l'Agence, du 5 décembre 2002 et du 11 juin 2003.
[2] Rapport Audric-Binder, *l'Enseignement supérieur français dans la compétition internationale. Proposition pour une Agence*, janvier 2004, 78 p.

Les séminaires gouvernementaux sur l'attractivité de la France (de 2003, 2005 et 2006) mettent l'accent sur l'attractivité de la France par l'enseignement supérieur, ce qui permet à l'Agence d'être envisagée dans une problématique plus large tout en se voyant confier des chantiers particuliers (un grand catalogue de l'ensemble des formations françaises accessible sur Internet par exemple). La réflexion reprend dans les cabinets concernés, réflexion qui n'a à vrai dire jamais cessé, sur l'éventualité de la création d'un opérateur unifié de la mobilité universitaire et scientifique. Elle débouche pour le ministère des Affaires étrangères sur deux conférences de presse en mai 2006 au cours desquelles le ministre Douste-Blazy annonce la création de deux grandes agences, CulturesFrance et CampusFrance. Pour ce qui touche à cette dernière, il est clairement fait allusion à la fusion de l'ancienne ÉduFrance et de l'opérateur Egide ainsi que d'un partenariat renforcé avec le CNOUS. Les réticences du ministère de l'Enseignement supérieur et de la recherche pour la formule d'un EPIC et sa préférence très marquée pour un GIP, aboutiront à l'adoption de cette dernière formule. Entre-temps, et de manière conservatoire, le GIP ÉduFrance avait dû être renouvelé avec une nouvelle progression des établissements membres (189 dont 72 universités).

C'est dans ce contexte qu'une inspection est réalisée par l'Éducation nationale sur « l'Organisation du travail au sein d'ÉduFrance ». Ce rapport d'inspection de février 2006, s'il conclut sur un plein emploi des personnels, à leur totale disponibilité et à leur professionnalisme, n'en souligne pas moins que, sept ans après sa création, le GIP est toujours « porteur d'un projet imprécis, tenu en lisière par sa dépendance des moyens publics (laquelle, toutefois, et paradoxalement, ne s'accompagne pas d'un intérêt très attentif des tutelles ministérielles). »[1]

---

[1] « *L'Organisation du travail au sein d'EduFrance* » ,in Inspection Générale de l'administration de l'Éducation nationale et de la Recherche, rap-

III. 2007-2008 : d'ÉduFrance à CampusFrance

Entre-temps le MAE aura lancé les « Centres pour les Études en France » et toute une série de mesures auront été prises dans le cadre des séminaires sur l'attractivité du précédent gouvernement : de nouvelles bourses à destination des étudiants et des chercheurs, un assouplissement du régime de co-tutelle de thèse, la création des réseaux de technologie et de recherche avancée, de nouvelles dispositions prises par la loi d'orientation de la recherche autorisant la création de pôles d'enseignement supérieur et de recherche, sans même insister aujourd'hui sur la nouvelle loi « Pécresse » qui peut donner les moyens aux établissements de développer une stratégie internationale. Surtout, deux dispositifs imaginés conjointement, doivent permettre aujourd'hui aux établissements d'enseignement supérieur de mieux organiser la venue des étudiants étrangers en France et de préparer pour eux un parcours académique de réussite, tout en faisant en sorte que ces étudiants soient solvables une fois sur notre territoire, que leur niveau linguistique corresponde à la formation qu'ils viennent acquérir, et que les niveaux d'études privilégiées soient plutôt celui du master ou du doctorat.

Le premier, organisé par le ministère des Affaires étrangères, en étroite concertation avec le ministère de l'Enseignement supérieur et de la Recherche, le ministère de l'Intérieur (comité interministériel du contrôle de l'immigration) et les conférences d'établissements, rend obligatoire pour les candidats étrangers le passage par des « Centres pour les études en France » dans une trentaine de pays. Ces centres, qui travaillent désormais sous la bannière de CampusFrance et sous l'autorité des postes diplomatiques, sont dotés d'un outil électronique qui permet à l'étudiant de se pré-inscrire à distance, en dialoguant avec le personnel de l'espace CampusFrance, en convenant d'un rendez-vous pour

---

port n°2006-005, fev. 2006, p. 45.

un entretien une fois son projet arrêté, en choisissant les établissements pour lesquels il souhaite se porter candidat. Une fois l'entretien effectué, une fois que la validité de ses diplômes a été reconnue, il achève la constitution de son dossier électronique qui migrera directement ensuite vers le consulat pour délivrance de visa, après qu'un avis aura été porté par l'agent ayant assuré l'entretien. Enfin, ce même dossier électronique est à disposition des établissements, selon une procédure sécurisée. Ce dispositif, lorsqu'il sera compatible avec tous les autres services électroniques destinés aux étudiants étrangers, en particulier pour son inscription dématérialisée, constituera un atout particulièrement puissant d'attractivité de la France.

Le deuxième, créé par la loi sur l'immigration du 26 juillet 2006, prévoit une attribution de visa facilitée pour les étudiants étrangers de qualité et dispose qu'ils pourront demeurer en France pour une durée de deux ans après l'obtention d'un diplôme au moins équivalent au niveau Master, dès lors qu'ils auront trouvé un emploi. De même la carte « compétences et talents » favorise désormais la création en France de projets économiques par des étrangers, éventuellement arrivés sur notre sol à l'origine comme étudiants.

Cette organisation depuis l'étranger de la gestion de ce que l'on appelle « la mobilité entrante » s'appuie désormais sur un schéma convergent d'un réseau externe composé de l'ensemble des espaces CampusFrance dans le monde (une centaine) passés sous l'autorité des ambassadeurs et subventionnés pour leur fonctionnement par le ministère des Affaires étrangères, et d'un réseau interne d'espaces CampusFrance labellisés en régions, l'ensemble étant coordonné par l'agence parisienne. Le quatrième GIP dénommé CampusFrance, voit en effet ses missions à la fois précisées et élargies, même si le problème de l'opérateur unique n'est pas encore définitivement tranché. Ce nouvel organisme, d'une durée raccourcie à trois ans pour insister sur son caractère provisoire sous cette forme, comporte même en son sein un comité de préfiguration qui réunit les directeurs et présidents des organismes voués à fusionner pour tout ou partie : Egide, CNOUS et CampusFrance. Ce comité s'est réuni très régulièrement depuis le lancement en Sorbonne du 7 mars 2007 en présence de trois ministres et des trois conférences d'établissements. Les conseils d'administration et d'orientation de CampusFrance rassemblent désormais tous les opérateurs pour l'international, tous les types d'établissement d'enseignement supérieur, la plupart des ministères concernés, les principales organisations étudiantes, ainsi que les collectivités locales et les entreprises.

Conclusion

Il est aisé de constater que l'Agence ÉduFrance, dans un premier temps critiquée par les établissements pour le positionnement qui lui avait été imposé, ne cessera depuis lors de devoir réaliser concrètement les missions qui lui sont assignées, tout en oeuvrant à une réforme profonde de structure, réforme fondée sur la définition d'un périmètre d'activités fondé sur une lecture stratégique de la compétition internationale dans le domaine des échanges académiques et scientifiques. Il s'agit donc tout à la fois pour l'Agence d'agir, tout en se remettant en question en tant que structure et en justifiant un plan d'action par définition provisoire. Cette demande incessante de justification et d'auto-analyse produira un double effet : d'une part un stress permanent vécu d'autant plus fortement par les personnels et la direction qu'il s'ajoute à celui des opérations internationales à réaliser et, d'autre part, l'émergence d'une culture très forte d'appartenance à un corps extrêmement réactif aux sollicitations externes.

La courte histoire de cet organisme montre par ailleurs qu'en dépit de toutes les difficultés, celui-ci a accompli des progrès permanents, une meilleure représentation à l'extérieur, la réussite d'une marque en dépit du changement de nom, une reconnaissance européenne incontestable, une coordination croissante des efforts de tous pour la mise en œuvre d'une charte de qualité pour la mobilité, une articulation de plus en plus forte avec la coopération universitaire. Le dessin d'une politique publique ambitieuse et puissante commence à apparaître alors que dans le même temps les services rendus aux adhérents n'ont pas cessé de se professionnaliser et de se diversifier. La preuve en est que CampusFrance regroupe aujourd'hui plus de 200 établissements, dont la quasi-totalité des universités, des Grandes Écoles et des écoles d'ingénieur.

II. Domaines

Le livre français à l'étranger de la loi Lang à nos jours

Jean-Yves Mollier

Le livre français s'exportait tellement bien au XIXe siècle que les grandes bibliothèques publiques et privées du continent sud-américain contiennent l'essentiel de la littérature nationale, de Balzac à Zola en passant par Alexandre Dumas père, l'auteur le plus présent dans cette région du monde au point d'avoir donné le nom d'un de ses romans à l'un des meilleurs cigares produits à Cuba, le *Montecristo*[1]. Par ailleurs, la présence de Victor Hugo en Asie au même moment est notoire et, dans les maquis du Vietminh, la trame des *Misérables* était l'une des préférées des combattants qui l'utilisaient pour dynamiser leurs troupes contre l'occupant[2]. Inutile donc d'épiloguer trop longtemps

---

[1] Jean-Yves Mollier, « Traduction et mondialisation de la fiction : l'exemple d'Alexandre Dumas père en Amérique du Sud », *Vingt-quatrièmes assises de la traduction littéraire (Arles 2007)*, Arles, Actes Sud, 2008, p. 225-238.

[2] Maurice Agulhon et Madeleine Rebérioux, « Hugo dans le débat politique et social », in *La gloire de Victor Hugo*, dir. P. Georgel, Paris, RMN, 1985, p. 190-246, et Jean-Yves Mollier, « Victor Hugo : les manifestations du centenaire », *1848. Révolutions et mutations au XIXe siècle*, n° 2/1986, p. 101-112 pour le témoignage d'Yves Gohin sur les rapports entre l'œuvre de Hugo et le Vietminh.

sur ce point : en dessinant un *imperium* culturel dont les frontières n'épousaient que partiellement celles de l'empire colonial, la France sut se doter d'une base arrière élargie par rapport à son aire de production et la littérature puis les sciences humaines bénéficièrent encore très largement de cette aubaine dans la première moitié du XXe siècle[1]. L'influence d'Auguste Comte sur les élites brésiliennes a maintes fois été commentée et Claude Lévi-Strauss n'a jamais hésité à reconnaître la dette qu'il avait contractée envers ceux qui lui permirent d'effectuer dans l'entre-deux-guerres ses premières missions ethnographiques en Amazonie[2].

D'une certaine manière, c'est aussi cet extraordinaire rayonnement d'une culture considérée comme humaniste et libératrice qui évita à l'ancienne puissance les désagréments que connut l'Angleterre quand, en octobre 1968, l'écrivain kenyan Nguyi wa Thiong'o demanda l'abolition du département d'anglais à l'université de Nairobi, bientôt suivi par deux autres professeurs qui, comme lui, prônaient la substitution des études portant sur la littérature africaine moderne à celles concernant l'ancienne puissance impériale[3]. Au Maghreb comme en Afrique noire francophone, c'est à un mouvement radicalement autre que l'on assista au point d'étonner l'observateur étranger qui voyait la génération des Mouloud Feraoun, Mouloud Mammeri, Mohammed Dib, Kateb Yacine, Driss Chraïbi, Bernard Dadié, Sembène Ousmane et même Mongo Beti, confier, dans les années 1950

---

[1] J.Y. Mollier, « La place des colonies dans l'espace culturel de la France au XIXe et XXe siècle », *Intercâmbio*, 2e série n°1/2008, p. 155-164, et « Traduction et mondialisation de la fiction : l'exemple d'Alexandre Dumas père en Amérique du Sud », *Vingt-quatrièmes assises de la traduction littéraire (Arles 2007)*, Arles, Actes Sud, 2008, p. 225-238.

[2] Claude Lévi-Strauss, *Tristes Tropiques*, in *Œuvres*, Paris, Gallimard, « Bibliothèque de la Pléiade », 2008, p. 1-445.

[3] John Marx, « Littérature postcoloniale et canon littéraire occidental », in *Penser le postcolonial. Une introduction critique*, dir. Neil Lazarus, Paris, Ed. Amsterdam, 2006, p. 157-173.

à 1960, la publication de leurs œuvres aux éditeurs du quartier Latin, le Seuil en particulier puis François Maspero[1]. Abdelkébir Khatibi eut des mots très durs à ce sujet en constatant que chaque maison d'édition ou presque voulait avoir « son arabe de service »[2] mais il est un fait que ni Frantz Fanon, ni Mongo Beti, les auteurs les plus engagés contre le racisme, le colonialisme et l'impérialisme, ne prônèrent la dissidence linguistique ou éditoriale à l'époque où ils soutenaient ardemment les mouvements de libération nationale. Mongo Beti publia *Main basse sur le Cameroun : autopsie d'une décolonisation* chez François Maspero en 1972 et *La France contre l'Afrique : retour au Congo* à La Découverte en 1993, signe évident d'une confiance maintenue envers la capacité de ces médiateurs à donner de l'écho à la voix des révoltés.

Pascale Casanova a insisté, elle aussi, sur le rôle essentiel de Paris dans le mouvement d'affirmation et de reconnaissance des littératures étrangères[3], y compris pour la deuxième moitié du XXe siècle en ce qui concerne les pays de l'Est européen. Reprenant les conclusions du colloque sur *Paris et le phénomène des capitales littéraires*, mais en les inscrivant dans une démarche sociologique[4], elle a ainsi validé les observations faites précédemment sur le tropisme d'une ville considérée comme la métonymie de la France et, aujourd'hui encore, l'une des capitales les plus visitées au monde. Si l'on ajoute qu'à l'heure actuelle vingt-neuf États

---

[1] J.Y. Mollier, « Paris capitale éditoriale des mondes étrangers », in *Le Paris des étrangers depuis 1945*, dir. Antoine Marès et Pierre Milza, Paris, Publications de la Sorbonne, 1995, p. 372-393.
[2] Abdelkébir Khatibi, *Le roman maghrébin*, Paris, Maspero, 1968, cité par Charles Bonn, « Paris et les écrivains maghrébins : se dire, là-bas », in *Paris et le phénomène des capitales littéraires »*, dir. Pierre Brunel, Paris, Presses de la Sorbonne, 1986, 3 vol., t. 1, p. 224.
[3] Pascale Casanova, *La république mondiale des lettres*, Paris, Seuil, 1999.
[4] Pierre Brunel, dir., *Paris et le phénomène des capitales littéraires*, op. cit.

ont le français comme langue officielle, contre cinquante pour l'anglais et une vingtaine pour l'espagnol, on comprend que la France a conservé, dans les deux dernières décennies du vingtième siècle un pouvoir exportateur en matière de littérature que peu de pays lui disputent. Certes la traduction est devenue un enjeu majeur au même moment et la langue anglaise se taille, en ce domaine, la part du lion mais, pour autant, le français n'a pas connu le sort du russe, langue « centrale » avant 1989 mais tombée en désuétude hors de ses frontières depuis cette date, ni celui de l'espagnol, langue demeurée « semi-périphérique » malgré l'existence d'immenses territoires sud-américains qui l'utilisent comme langue maternelle[1]. Il conviendra donc d'examiner le mouvement des traductions, à côté de celui qui concerne les exportations de livres, et de considérer avec attention la géographie de ces échanges qui font sans doute plus pour le maintien d'une présence de la France à l'étranger que bien des discours si l'on veut mesurer aussi précisément que possible la situation du livre français à l'étranger.

I. L'exportation du livre français à l'étranger au prisme de statistiques incertaines

Dans un article publié par le *Bulletin des bibliothèques* en 1985, Marie-Pierre Dillenseger évaluait à 16 % du chiffre d'affaires (CA) de l'édition française, pour les années 1973-1983, la part de l'exportation de livres, soit environ 300 000 quintaux métriques en début de période et 330 000 dix ans plus tard[2]. Elle précisait les contours de ces mouvements en affirmant que 80 % des volumes partaient pour la francophonie linguistique dont 50 % pour le Québec, la Belgique, le Luxembourg et la Suisse romande, ce qui n'avait

---

[1] Gisèle Sapiro, dir., *Translatio. Le marché de la traduction en France à l'heure de la mondialisation*, Paris, CNRS Editions, 2008.
[2] Marie-Pierre Dillenseger, « Quelques réflexions sur le livre français à l'étranger », *BBF*, vol. 30 n° 2/1985, p. 144-151.

rien d'étonnant. Déjà, en 1913, ces quatre pays représentaient plus de 35 % des débouchés de la France en matière de production imprimée[1] et, compte tenu de la faiblesse économique des autres composantes de la Francophonie, en particulier l'Afrique subsaharienne, la progression des exportations françaises vers ces pays riches ne faisait que renforcer le constat, tragique à bien des égards, d'une incapacité du continent noir à rattraper son retard en matière d'équipements culturels. Deux chiffres suffisent sur ce point : au Sénégal, l'un des pays pourtant les plus développés de la zone, un manuel scolaire est utilisé par six à dix enfants en moyenne et, en 2003, si les libraires français disposaient de 450 000 titres pour leur approvisionnement, 50 éditeurs des 14 pays africains les plus francophones n'en avaient que 1 167 et les exportateurs, essentiellement les groupes Hachette et Editis, étaient loin de mettre la totalité du catalogue national Electre à la disposition du public africain, réduit à la photocopie et à l'utilisation collective des mêmes ouvrages la plupart du temps[2].

Jacques Rigaud n'était guère plus encourageant en 1979 quand il écrivait dans son rapport au ministre des Affaires étrangères : « L'édition est une industrie protectionniste et refermée sur elle-même dans ses mentalités économiques, qui contraste avec son ouverture intellectuelle »[3]. Il insistait toutefois sur la dispersion des responsabilités, diluées entre

---

[1] Olivier Godechot et Jacques Marseille, « Les exportations de livres français au XIXe siècle », in *Le commerce de la librairie en France au XIXe siècle. 1789-1914*, dir. J.Y. Mollier, Paris, IMEC Ed.-Ed. de la MSH, 1997, p. 373-381.
[2] Isabelle Bourgueil, « Afrilivres : miroir des livres disponibles édités en Afrique francophone », in *Où va le livre en Afrique ?*, *Africultures* n° 57, décembre 2003, p. 19-30.
[3] Jacques Rigaud, *Les relations culturelles extérieures, rapport au ministre de la Culture*, Paris, La Documentation française, 1980, p. 65. Voir aussi Nicole Fontaine, *La Diffusion de la culture par les livres et les revues*, Paris, Conseil économique et social, 1983, qui reprend une partie de cette analyse.

sept ministères diversement compétents, et appelait à considérer le livre comme un vecteur essentiel de la diplomatie culturelle, ce qui était plutôt encourageant à une époque où, du Parti communiste français qui venait de publier *La Bataille du livre*[1] en appendice à son Manifeste sur le sujet, au Parti socialiste qui avait répondu à Jérôme Lindon, par la voix de son Premier Secrétaire, en 1977, qu'il approuvait la campagne lancée en mars en faveur du prix unique du livre[2], on cheminait vers ce qui sera l'attitude commune au moment du vote de la loi Lang. Jacques Chirac s'y ralliera d'autant plus aisément qu'il s'était opposé à Valéry Giscard d'Estaing sur ce point avant de quitter l'Hôtel Matignon en 1976 et qu'il n'avait aucune raison de soutenir l'arrêté Monory voulu par Raymond Barre en 1978[3].

Toutefois rien n'était vraiment précisé en matière d'exportation de livres et le débat avait essentiellement porté sur la défense de la librairie de proximité, dite encore « traditionnelle », et non sur l'aide éventuelle que pourrait apporter à l'édition le ministère de la Culture ou celui des Relations extérieures en charge des principaux dossiers.

C'est dans les conditions d'une crise économique sérieuse et d'une alternance politique obligeant, pour la première fois, un président de la République à cohabiter avec un Premier ministre n'appartenant pas à sa famille idéologique, que le ministre de Culture et de la Communication devait demander, en 1987, à Patrice Cahart, directeur de la Monnaie de Paris, un rapport intitulé de manière volontairement alarmiste *Le livre français a-t-il un avenir ?*[4] Examinant les chiffres disponibles et s'arrêtant sur

---

[1] Antoine Spire et Jean-Pierre Viala, *La bataille du livre*, Paris, Éditions sociales, 1976.

[2] Bernard Pingaud, *Le livre à son prix*, Paris, ministère de la Culture, 1983, p.19, reproduit des extraits de la lettre de François Mitterrand datée du 17 novembre 1977

[3] *Le prix du livre. 1981-2006. La loi Lang*, Paris, IMEC éditeur, 2006.

[4] Patrice Cahart, *Le livre français a-t-il un avenir ?* Paris, La Documenta-

l'exportation, le haut fonctionnaire estimait à 22 % la part des exportations dans le CA de l'édition française, dont la moitié en direction des quatre pays déjà cités. Il évaluait positivement la création, en 1980, du Centre d'exportation du livre français (CELF), un outil au service des libraires étrangers désirant commander des livres, tout en soulignant la modestie de son CA, 27 millions de francs sur les 2,1 milliards du volume total dégagé par l'exportation[1]. Il était donc nécessaire de prendre d'autres mesures pour favoriser la présence du livre français à l'étranger mais Patrice Cahart mentionnait, lui aussi, la dégradation de la situation en Afrique francophone et l'impossibilité d'y trouver des débouchés économiques de quelque importance. S'inquiétant davantage du rattrapage des importations par rapport aux exportations alors que le ratio était de 2,6 contre 1 en 1960[2], il ne suggérait cependant que peu de pistes à explorer pour y remédier.

Reprenant à son tour ce dossier épineux en 1993, Jean-Marie Bouvaist, qui avait travaillé au Cercle de la Librairie et au SNE avant de passer à l'université et d'y créer la première MST spécialisée dans les métiers du livre, devait proposer des chiffres montrant clairement l'augmentation sur vingt ans des exportations françaises dans ce domaine. Avec 16 % en 1971, ce qui corrobore l'enquête de Marie-Pierre Dillenseger, 22 % en 1990, ce qui est proche des observations de Patrice Cahart, et 24, 1 % en 1992, le chiffre d'affaires dégagé par la vente de volumes à l'étranger semblait promis à un avenir radieux[3]. L'analyste notait cependant que ce résultat était dû

---

tion française, 1987.
[1] *Ibid.*, p. 149.
[2] *Ibid.*, p. 139.
[3] Jean-Marie Bouvaist, *Crises et mutations dans l'édition française*, *Cahiers de l'économie du livre*, Hors Série n° 3, 1993, p. 408-410. Il faut noter que la publication de ce dossier irrita tellement les deux groupes qui dominaient l'édition française que les *Cahiers de l'économie du livre*, émanant de l'Observatoire de l'économie du livre et subventionnés depuis

essentiellement à la progression des exportations de livres scolaires et de romans, la part des dictionnaires et des encyclopédies ayant fortement reculé – de 14, 1 % à 6, 7 % – ainsi que celle du livre de jeunesse – de 8, 3 % à 2, 5 % – ou encore des livres scientifiques et techniques, tombés de 10, 8 % à 4, 1 %[1]. Il existait donc des secteurs protégés, la littérature en général et le manuel scolaire, faute de concurrence sérieuse en Afrique dans ces deux secteurs, mais la pauvreté du continent se faisait sentir dans son impossibilité de consacrer aux livres destinés à l'enfance et à la jeunesse une part notable de son budget et dans son incapacité à proposer à ses futurs cadres une information scientifique et technique de qualité. Plus qu'un rééquilibrage en faveur de l'anglais, la baisse enregistrée dans ce domaine correspondait à un reflux des étudiants, davantage attirés par la fonction publique que par la recherche ou l'industrie, encore peu développée et faiblement destinée à la transformation sur place des matières premières.

D'autres rapports ont rassemblé un certain nombre de données, celui de Jean-Sébastien Dupuit intitulé *Présence du livre français dans le monde* en 1994 et destiné, lui aussi, au ministre de la Culture, notamment, mais les statistiques disponibles semblent toutes converger et manifester l'existence d'une sorte de palier des exportations, estimées dix ans plus tard, en 2003, à 22 % du CA de l'édition nationale[2]. Les *chiffres clés* désormais servis annuellement par le ministère de la Culture corroborent ces calculs puisqu'en 2005-2006 la part des exportations dans le CA global de l'édition – 2,68 milliards d'euros hors taxes – atteint 684, 5 millions d'euros, soit 25,5 %, la hausse intervenue étant en partie due à l'incorporation dans les

---

1989 par le ministère de la Culture furent immédiatement suspendus et le numéro spécial confié à Jean-Marie Bouvaist pilonné.

[1] *Ibid.*, p. 409.
[2] Luc Pinhas, *Éditer dans l'espace francophone*, Paris, Alliance des éditeurs indépendants, 2005.

statistiques des cartes géographiques et des atlas, auparavant classés à part[1]. En affinant les calculs et en excluant les DOM-TOM de l'ensemble du domaine dit de l'exportation, on tombe d'ailleurs à environ 20 % et on constate un léger tassement, voire un recul des ventes dans le monde, ce qui atténue l'optimisme précédemment indiqué[2]. Malgré l'installation à New York d'un bureau du livre chargé d'aider les professionnels à pénétrer ce marché réputé difficile, d'un Bureau international de l'édition française – le BIEF qui a remplacé en 2003 l'ancien Office de promotion internationale plus connu sous le nom de France Édition – qui est l'outil spécialisé du SNE et du Cercle de la librairie, et les efforts non négligeables de certains postes diplomatiques, au Maroc par exemple, l'exportation de livres français semble marquer le pas ces dernières années.

Si l'on veut résumer l'opinion des divers observateurs, on évitera d'abord d'accorder trop d'importance aux statistiques qui mériteraient d'être retraitées, harmonisées, mais qui dessinent cependant la physionomie générale de ce secteur. Après avoir enregistré une réelle progression dans les années 1970-1990, l'exportation s'est tassée et représente, hors DOM-TOM, environ 20 à 22 % du CA de l'édition. Phénomène plus inquiétant : le dynamisme de la Francophonie institutionnelle et ses campagnes multiples en faveur de l'enseignement, des universités, du livre et de la lecture en français n'ont pas permis d'enregistrer une progression des exportations. Le Québec, la Belgique, le Luxembourg et la Suisse romande continuent à absorber la moitié de la production de livres vendus à l'étranger, ce qui amène Luc Pinhas à un constat relativement alarmiste. En

---

[1] Ministère de la Culture et de la Communication, « Le secteur du livre 2005-2006 : quelques chiffres clés », 2006. Ces chiffres sont disponibles en ligne sur le site du ministère de la Culture. Voir aussi *L'édition en perspective 2006-2007*, Paris, SNE, 2007, puisque c'est le syndicat national de l'édition qui produit les statistiques enregistrées par le ministère.
[2] Luc Pinhas, *op. cit.* Les *chiffres clés* fournissent les mêmes proportions.

même temps, on voit bien que certaines solutions s'esquissent, qui découlent de ces analyses et qui devraient encourager les éditeurs et les pouvoirs publics à aider l'Afrique à s'équiper en livres et en bibliothèques sans, pour autant, négliger les autres pays qui ont adhéré à la Francophonie et qui souhaitent, pour des raisons diverses, voir la langue française se développer en Asie ou en Europe de l'Est, quand ce n'est pas de l'autre côté du Rio Grande, là où passe la frontière avec le « grand frère » nord-américain jugé trop interventionniste en Amérique latine.

II. Le marché de la traduction, un secteur en pleine évolution

Pour apprécier la place du livre français comme agent de la politique culturelle extérieure de la France, il convient de regarder le marché des traductions en pleine expansion depuis 1945. Le volume des traductions est passé, selon l'Index Translationum de l'UNESCO, de 50 000 par an en 1980 à 75 000 en 2000 et ce mouvement s'intensifie encore de nos jours[1]. La part de l'anglais, la première des langues dites « centrales »[2], a considérablement augmenté, représentant à peu près 45 % du volume global en 1980-1989, 59 % de 1990 à 1999 et 65 % depuis 2000 tandis que le russe régressait de 11,5 % à 2,5 % dans le même laps de temps[3]. Si le français enregistre, lui aussi, une réelle décrue, tombant de 10, 8 % à 10 % en 2000, et, plus alarmant, à 9 %

---

[1] Gisèle Sapiro dir., *Translatio. Le marché de la traduction en France à l'heure de la mondialisation*, op. cit., p. 66.
[2] Sur ces définitions, voir Johan Heilbron, « Towards a Sociology of Translation. Book Translations as a Cultural World System », *European Journal of Social* Theory, n° 2(4)/1999, p. 429-444, et le n°144 de septembre 2002 des *Actes de la recherche en sciences sociales* intitulé « Traduction, les échanges littéraires internationaux » et dirigé par Johan Heilbron et Gisèle Sapiro.
[3] G. Sapiro, *Translatio…*, op. cit., p.69.

en 2000-2003 et 8 % en 2004[1], alors que l'allemand a légèrement progressé de 8, 6 % à 9, 3 %, l'espagnol est une langue semi-périphérique », comme l'italien et ils se situent respectivement à 2, 6 % et 2, 9 % de l'ensemble des traductions repérées par l'Index Translationum. Pour l'espagnol, ce résultat masque en fait un doublement des échanges dans la dernière période, ce qui doit être considéré comme révélateur du dynamisme des auteurs et des éditeurs publiant en castillan[2]. Si l'on était tenté de voir dans l'expansion de la langue anglaise – d'où qu'elle vienne, de l'Inde comme de la vieille Angleterre, des États-Unis et de tous les pays qui l'ont choisie comme langue officielle – un reflet d'un impérialisme culturel manifeste, il conviendrait cependant de citer d'autres chiffres, qui concernent l'utilisation des langues nationales sur Internet, et là, la courbe s'inverse car, après avoir dominé au début du développement exponentiel de ce média, l'anglais régresse au profit du chinois mandarin, de l'arabe et de toutes les autres langues véhiculaires, ce qui, à terme, pourrait déboucher sur une modification des flux de traductions.

Pour interpréter la relative bonne tenue du français jusqu'en 2000, on peut invoquer la position de cette langue dans la diplomatie avant 1918 et encore en 1945 à l'ONU ou l'UNESCO, le rôle de Paris dans le système de consécration et de reconnaissance des écrivains[3], celui de la *French Theory* depuis la période où les structuralistes dominaient l'espace des échanges dans les sciences sociales[4], mais on ne saurait négliger les politiques volontaristes mises en œuvre depuis vingt-cinq ans. De ce point de vue, les multiples aides accordées à la traduction du français vers les autres langues, tant par le Centre national du livre (CNL) – 538 traductions

---

[1] *Ibid.*
[2] *Ibid.*, p. 70.
[3] P. Casanova, *op. cit.*
[4] François Dosse, *Histoire » du structuralisme*, Paris, La découverte, 1992, 2 vol.

subventionnées en 2003 – que par le ministère des Affaires étrangères qui a élaboré lui aussi un programme d'aide aux publications hors de France et à l'« extraduction » ont leur part d'efficacité. De même, la coordination de son action avec celle du Bureau international de l'édition française – le BIEF – qui a ouvert six bureaux hors de l'hexagone a permis d'enregistrer des hausses de cessions de droits d'auteurs qui sont un bon baromètre de la température régnant dans ce domaine sensible des échanges culturels. Le français s'enorgueillit à juste titre d'occuper le deuxième rang mondial, derrière l'anglais, et l'on est passé d'une vente de 3 359 titres en 1993 à 6 077 en 2004 contre 1 671 puis 1 404 acquisitions dans la même période[1]. Avec un total de 118 millions d'euros en 2005, 119 millions d'euros en 2006 et 132 millions en 2007, le marché des cessions de droits d'auteurs représente à lui seul environ 4 à 5 % du CA hors taxes de l'édition française[2]. C'est à la fois un chiffre modeste et un indicateur intéressant si l'on ajoute que l'on a constaté une hausse de plus de 6 % en un an dans ce secteur entre 2004 et 2005 et de plus de 10 % entre 2006 et 2007, ce qui semble être le résultat des politiques volontaristes menées tant par les acteurs professionnels du SNE que par les divers services de l'État, le MAE, le ministère de la Culture, la Direction du Livre et de la Lecture ainsi que le CNL.

Bien entendu, si l'on reprend l'ensemble des traductions effectuées vers le français en ce début de XXIe siècle, la situation n'est pas tout à fait aussi rassurante puisque l'on a traduit 8 512 ouvrages en 2005, 8 284 en 2006 et 8 549 en 2007 et que, sur ce nombre, plus de 5 000 – 5 137 en 2007 – concernent la langue anglaise, soit encore 60 % du total[3].

---

[1] Gisèle Sapiro, « Traduction et globalisation des échanges : le cas du français », *Où va le livre ? Édition 2007-2008*, dir. J.Y. Mollier, Paris, La Dispute, 2007, p. 249. Les ventes et les cessions concernent la France seule, non l'ensemble de la francophonie.
[2] *Chiffres clés* du ministère de la Culture, *op. cit.*
[3] *Chiffres clés* publiés en mars 2009 par le ministère de la Culture et La

Cela signifie qu'il demeure beaucoup d'efforts à accomplir pour parvenir à un rééquilibrage tenant compte de la diversité des cultures mais les progrès bien réels pour faire connaître les autres peuples et les autres langues – environ 15 % de traductions en France contre moins de 2 % en Grande-Bretagne ou aux Etats-Unis – devraient à terme favoriser la progression du livre français à l'étranger, ce que confirme sa relativement bonne présence au Japon ou en Corée du Sud, voire en Chine où la première traduction de *La Méditerranée au temps de Philippe II* de Fernand Braudel a connu un tirage de 10 000 exemplaires en français il y a quelques années[1]. Le respect des différences et la volonté de faire connaître les autres cultures peuvent se révéler une bonne incitation à la traduction, ce que les invitations de pays étrangers au Salon du Livre de Paris semblent avoir recherché depuis une décennie sans pour autant provoquer de véritables frémissements en la matière.

III. Le marché des DOM-Tom et celui de la Francophonie

On l'a noté à la lecture des chiffres concernant les DOM-TOM, la part de ces territoires dans l'exportation des livres est importante, trop sans doute, puisqu'il s'agit d'un marché captif, même si, d'un autre point de vue, ces indicateurs statistiques montrent que, aussi bien aux Antilles qu'en Guyane, à La Réunion, en Polynésie ou en Nouvelle-Calédonie, le français résiste bien face à la concurrence de l'anglais, ce qui, vu de Nouméa ou de Tahiti, n'est pas absolument évident. Ici, comme dans les Caraïbes face à l'espagnol, c'est le volontarisme des élus locaux et de l'État central – le ministère de l'Éducation nationale en premier lieu – qui explique le maintien de cette présence, renforcé d'ailleurs par le désir des populations et des écrivains de voir

---

Documentation française, consultables en ligne.
[1] Ces chiffres nous ont été communiqués par son traducteur, Gu Liang, lors d'un séjour à Pékin en 1997.

les langues créoles reconnues comme faisant partie de la diversité francophone. Ce fait nous semble à souligner car on stigmatise plutôt, en général, la frilosité des éditeurs français, ce que faisait Jacques Rigaud dans son rapport de 1979, sans voir que, si 29 États conservent le français comme langue officielle, si le Maghreb et une partie de l'Afrique subsaharienne continuent à publier en français, c'est aussi en raison de cette résistance à l'anglais ou à l'espagnol qu'on le doit. Le développement, sur les radios locales et, demain, les chaînes de télévision ou Internet, des langues vernaculaires au Congo ou en Côte d'Ivoire est d'ailleurs le véritable concurrent du français, certaines des langues locales connaissant aujourd'hui un véritable dynamisme à l'oral alors même qu'elles ne sont pas ou peu transcrites, faute de moyens et de lecteurs si une presse et une édition autochtone venaient à s'installer dans ces régions[1].

Toutefois, l'exportation de 50 % des livres vers les quatre pays les plus riches, avec la France, de la francophonie, le Québec, la Belgique, le Luxembourg et la Suisse romande, dessine en creux l'absence de politiques cohérentes vis-à-vis des pays du Sud. Le livre est sinistré en Afrique, comme l'a montré le dossier coordonné par Isabelle Bourgueil et intitulé *Où va le livre en Afrique ?* publié en 2003[2]. Les propositions formulées par *Africultures* puis par l'Alliance des éditeurs indépendants[3] ont fait naître des coéditions de livres en français qui indiquent une direction, non la seule, pour accroître le volume des livres lus sur le continent africain d'expression française. Il suffit de citer

---

[1] Voir *L'émergence du domaine et du monde francophones*, actes du colloque de la SIHFLES tenu à l'UVSQ en novembre 2007, à paraître en 2009.
[2] *Op. cit.*
[3] *Les Assises et leurs suites. Comptes rendus des Assises internationales de l'édition indépendante et programme prévisionnel d'action 2008-2009 de l'Alliance des éditeurs indépendants*, Paris, Alliance des éditeurs indépendants pour une autre mondialisation, 2008.

deux chiffres – deux écarts – les 700 000 titres disponibles sur le catalogue *Electre* à la disposition des libraires français et les quelques milliers au service des dix-neuf États plus ou moins francophones – pour comprendre quel espace existe dans cette région du monde où l'obstacle majeur demeure la pauvreté, avec tout le cortège de fléaux qui l'accompagnent, le sida, les guerres, la corruption des élites et l'analphabétisme ou l'illettrisme de ceux qui ont quitté l'école précocement et n'utilisent plus jamais l'écrit pour communiquer. Que dire des 78 librairies – un quasi désert rafraîchi par quelques rares oasis – de cette zone[1] qui rappellent que si, pour certains, Églises ou États, la colonisation fut globalement positive, elle se signale dans le domaine de l'imprimé par sa responsabilité accablante pour ce qui est de l'absence d'équipements de base qui font encore défaut aujourd'hui. En matière d'universités, la comparaison de l'empire français avec l'Empire britannique est encore plus terrible puisqu'on ne peut citer que les deux seuls établissements supérieurs de Dakar et d'Alger en 1960 alors que les grandes universités du monde anglophone, de l'Inde à l'Afrique du Sud, témoignaient d'autres conceptions en matière de formation des cadres dirigeants des pays colonisés. Ce constat n'exonère nullement les équipes dirigeantes qui se sont succédé au pouvoir depuis l'époque des indépendances et qui semblent avoir eu à cœur de détruire ce qui pouvait encore exister mais cela évite de se placer en situation de donneur de leçons vis-à-vis de pays qui ont quelque raison de penser que la substitution de la « Françafrique » à l'Union puis à la Communauté française n'a en rien été un progrès pour les peuples qui ont dû en subir les conséquences[2].

---

[1] Isabelle Bourgueil, « Afrilivres : miroir des livres disponibles édités en Afrique francophone », *Où va le livre en Afrique ?*, *op. cit.*, p. 28
[2] François-Xavier Verschave, *Noir silence : qui arrêtera la Françafrique ?*, Paris, Les Arènes, 2000.

Pour conclure ce rapide panorama de la présence du livre français sur les marchés étrangers, on dira que si l'époque n'est plus au développement militant des Alliances et des Missions laïques fières de procurer à la France le rayonnement qui devait lui rendre rapidement son rang perdu en 1870, on ne peut pour autant nier l'importance des politiques culturelles définies par les ministères compétents dans l'expansion ou la régression de l'imprimé hors des frontières. Même si, pour l'essentiel, ce sont les acteurs privés, les éditeurs intéressés par ce marché à l'exportation, qui jouent le rôle principal, ils ne peuvent le faire dans la durée que s'ils y sont incités par les pouvoirs publics ou s'ils ont l'impression d'être durablement soutenus dans leurs efforts pour ne pas abandonner les positions acquises et en conquérir de nouvelles. Le BIEF, le CNL, le ministère de la Culture l'ont compris de longue date et le SNE coopère avec tous ces partenaires institutionnels sans, toutefois, obtenir de la Francophonie des moyens adaptés aux besoins des populations qui la composent. Certes la pauvreté de beaucoup de ses membres n'aide pas à dégager des masses monétaires suffisantes pour compenser les faiblesses et jeter les bases d'une présence forte du livre francophone mais la solution réside sans doute ici, la bonne volonté des populations à parler et à lire dans cette langue constituant le meilleur indice de l'existence d'un marché potentiel à défaut d'être déjà un marché réel.

La position de la France face à la mondialisation de l'offre artistique

Paul Ardenne

Dans le vaste champ de la création culturelle, les arts plastiques n'ont certes pas l'importance symbolique et économique d'autres formes d'expression telles que l'écriture cinématographique, télévisuelle ou littéraire, notamment. Leur représentativité n'est pas moins notoire à deux titres, quel que soit le domaine spécifique de l'« art » dont on parle. D'une part, à titre patrimonial, au regard de l'existence de musées et de collections d'art dont l'importance du fonds et les prestations en termes d'expositions qu'ils permettent se convertissent immédiatement en distinction symbolique. D'autre part, au titre de la créativité, au regard aussi de l'art vivant et de ce qu'il en est de son potentiel de nouveauté et d'animation, et de son impact culturel, autant de ferments de valorisation symbolique pour les nations où fleurit cet art « just in time », symbole de leur dynamisme et de leur régénération culturelle permanente, bref, d'une vivacité intense.

Dans le double domaine de l'art patrimonial et de l'art vivant, on le sait, la situation héritée du 20ème siècle consacre au niveau mondial le leadership écrasant de l'Occident. Si le mouvement de la globalisation amorcé dans le dernier quart du 20e siècle ne change pas la donne – la domination occidentale est toujours patente –, il se traduit en revanche par un constat de redistribution de l'offre – offre d'expositions ou constitution de nouveaux musées d'obédience occidentale mais hors périmètre occidental, notamment. En termes de géographie culturelle, il y a ainsi de moins en moins l'Occident *et* le reste du monde mais, tendanciellement, l'Occident *dans* le reste du monde. Ce qui est perceptible, en effet, c'est l'affaissement (relatif) de la polarisation au profit (avéré) de la dissémination, mais d'une dissémination qui est un essaimage de l'Occident vers le Noccident. Le flux dominant de la représentation artistique circule du « West » vers le « No West » tandis qu'on relève dans le « No West » proprement dit une présence intensifiée du « West ». Présence qui s'affirme de trois manières tactiques, essentiellement : 1, l'implantation de musées occidentaux délocalisés ; 2, la création de biennales d'art vivant *urbi et orbi* peu ou prou assujetties au contrôle occidental ; 3, la multiplication de foires d'art où triomphe le marché occidental de l'art.

    Notre article se consacrera à l'examen de deux aspects de la question. Nous évoquerons d'abord de façon synthétique les grandes manœuvres de la mise sous tutelle artistique, par l'Occident, du monde global. Puis, en un second temps, nous dirons quelques mots de la position et des stratégies que déploie la France sur ce champ de bataille où l'on lutte « au couteau » pour le leadership symbolique. La bataille pour le leadership culturel, n'en doutons pas, est d'un intérêt capital. Il est clair que les enjeux symboliques sont au moins aussi importants que les enjeux économiques. Pas de la même manière, certes : c'est la politique d'image, ici, qui est première, politique d'image qui conditionne le rayonnement, la dynamique créative, l'attraction culturelle. En cela, les enjeux symboliques participent sans conteste à la constitution géopolitique du monde et à la construction de ses équilibres, équilibres qui sont, en l'occurrence, l'autre nom du pouvoir tel que le structurent, le stabilisent et se l'approprient les grandes puissances, celles qui détiennent l'*hegemon*, le premier rôle. Dans ce monde ainsi « équilibré », il va de soi que celui qui ne rayonne pas n'existe que par rapport à celui qui rayonne, dans l'ombre duquel il se tient désespérément, et servilement.

I. L'hégémonie artistique de l'Occident

Et d'abord, pour commencer, on peut aborder le phénomène du musée délocalisé, qui a connu de nombreux rebondissements récents, à travers notamment la question du Louvre Abou Dhabi, objet de polémiques. Qu'est-ce que le « musée délocalisé » à l'instar d'un grand musée (le Louvre, le MNAM [Centre Pompidou, Paris], le Guggenheim Museum, le British Museum, la Tate Gallery) qui crée çà et là des antennes extraterritoriales. Celles-ci sont à la fois des ambassades de la maison mère et, de manière plus commerciale que politique, des succursales. Le musée délocalisé dans sa version globale exporte un label, un contenu et des compétences. Pour celui-ci, il ne s'agit pas tout bonnement d'exporter une partie d'une collection prestigieuse, sur le modèle classique de l'échange culturel. On veillera, encore, à valoriser un savoir-faire en matière de conservation, de gestion du patrimoine artistique, de conception d'expositions et de supervision de programmes de recherches dédiés. Sont ainsi recherchés des bénéfices en termes de représentation somptuaire mais on veillera aussi à retirer de l'opération des avantages matériels, qu'ils soient directs ou de l'ordre de la compensation (s'agissant de l'implantation du futur Louvre dans l'Île du Bonheur d'Abou Dhabi, il a ainsi été chuchoté à maintes reprises qu'il s'agissait là d'un échange, la France s'occupant de monnayer de concert, en sous-main, la vente d'avions de chasse et de matériel militaire). Le modèle de cet expansionnisme muséal est incarné par la fondation Guggenheim, émanation du musée Guggenheim de New York, et par son principal dirigeant et président Thomas Krens.

Le « modèle » Guggenheim

En une vingtaine d'années, la fondation Guggenhein, un des fers de lance de l'impérialisme culturel américain, a implanté ainsi dans le monde entier – à des endroits toujours choisis et significatifs, cependant – plusieurs extensions, de Bilbao à Berlin en passant par de nombreux projets en cours en Asie ou dans les pays du golfe arabo-persique. Que propose le système Guggenheim ? Plus que sa collection, qui circule assez peu, sa propre « image », valorisée à coups d'expositions spectacle sponsorisées dont il arrive que certaines soient à la gloire même de l'entreprise Guggenheim, sur un mode auto-légitimateur et en vertu du principe selon lequel on n'est jamais mieux servi que par soi-même. Durant l'automne 2006, la fondation Guggenheim proposera de la sorte à Bonn une exposition consacrée à tous les « Guggenheim » à venir, avec maquettes de ses projets pour Berlin, Abu Dhabi, Guadalajara ou Tokyo. Le modèle Guggenheim, prototype du musée délocalisé de l'ère globale, est un mixte de représentation politique, de valorisation artistique et de management, à l'instar des parcs Disney, mais avec plus de latitude cependant : si le programme Disney est imposé, les programmations Guggenheim sont en revanche plus fluides, et laissent sa part à la négociation avec l'autorité concernée du pays d'établissement. En vertu de la logique Guggenheim, l'art est un vecteur symbolique autant que matériel. Il faut que l'opération soit rentable à deux points de vue, au titre de l'image, au titre du profit financier. Rappelons, sans entrer dans le détail, que les conditions de fonctionnement économique d'une structure de type Guggenheim ont pu à l'occasion faire grincer des dents, voire aboutir à des échecs et à des refus d'implantation – à Las Vegas, où l'installation concrète a fait long feu ; à Rio de

Janeiro, où elle a été pour finir invalidée par les autorités locales, par exemple. Le pays ou la localité d'accueil, en effet, doivent prendre en charge une large part des frais d'établissement et de fonctionnement de la nouvelle structure sans forcément contrôler toujours, on l'a dit, le contenu de l'offre expositionnelle. Principe de la griffe et de la franchise sur fond d'exploitation d'un label. La gestion capitaliste, de manière ouverte, n'est pas loin de l'emporter ici sur toute autre considération.

La logique Guggenheim, celle de l'expansionnisme ciblé et rémunérateur, s'assimile en vérité, fort banalement, à une logique d'entreprise. Est-ce répréhensible ? Tout dépend du point de vue adopté, sachant que le point de vue « moyen » sur la question a évolué avec le temps. Aux partisans traditionalistes d'une nécessaire séparation entre choses de l'esprit et argent, s'est ainsi substituée une attitude plus ouverte, pas forcément ennemie d'un lien ombilical entre culture et argent sous condition que la valorisation de la première ne soit pas assujettie en tout à la quête du second. Cette option s'explique par l'acceptation d'un certain pragmatisme de gestion, qu'on estime nécessaire, ou à tout le moins, utile : une saine gestion capitalistique, dans ce cas comme autre part dans l'univers de l'entreprise, c'est encore la meilleure garantie d'institutions artistiques solides, que consolide leur chiffre d'affaires. Nous voudrions citer ici, au registre de cette pulsion pragmatique appliquée au monde de l'art, quelques remarques de Gérard Dupuy, rédacteur au journal *Libération* :

« Peut-on gérer un musée comme une marque de luxe ? La réponse est évidemment non, mais la question est piégée. D'abord parce que les entreprises du luxe sont gérées avec un maximum de rigueur professionnelle et d'adéquation avec leur fin propre, qui est de gagner de l'argent en vendant de la distinction. Et parce que, si éthérées soient les choses de l'esprit, elles sont néanmoins gérées, elles aussi, fût-ce par défaut, de façon très matérielle. Des institutions aussi prestigieuses que le musée Guggenheim ou la Tate Gallery sont allées très loin dans le mimétisme entrepreneurial[1] ».

Et Gérard Dupuy, dans la foulée, de préciser ce qui suit, à l'endroit de la « spécificité française » sur laquelle on reviendra dans un moment : « Issues d'une tradition différente et dotés de budgets publics importants, les musées français restent bien en retrait, même si les logos des sponsors commencent à y grignoter les cimaises. »

Revenons à notre propos, la question de la mondialisation et de la délocalisation tactique du musée. Le détail des opérations, sur ce point, montre une totale hégémonie occidentale : le centre Georges Pompidou s'implante en Chine, le musée Rodin vend ses compétences en expertise à la ville brésilienne de Sao Salvador, le British Museum a passé récemment un accord de coopération avec le National Museum of China de Pékin, le Victoria and Albert Museum s'est adjoint les services de plusieurs musées chinois, la Tate Gallery essaime, etc. Hégémonie occidentale, oui, comme l'indique l'axe unidirectionnel du flux : ici, le schéma de circulation de l'Ouest vers le Noccident ne connaît pas d'inversion. En termes de redistribution, force est de constater que la relocalisation au sens strict est fictive : le British Museum à Pékin, même si l'ouverture et les échanges sont de mise avec le pouvoir local, cela reste le British Museum. Difficile en conséquence de parler de « globalisation ». Le terme d'*externalisation* convient mieux : une entreprise culturelle, mettant dans ce cas à profit une demande étrangère très forte en matière de produits culturels, établit, hors de son traditionnel périmètre d'action, certaines de ses activités.

Les Biennales

Un autre aspect de la mondialisation de l'art sous contrôle occidental est l'expansion du phénomène des

---

[1] *Libération*, 5octobre 2006.

biennales. Au nombre d'une quarantaine en 2000 et de plus de cent actuellement (cent dix, si l'on en croit Thierry Raspail, le directeur de la biennale de Lyon, qui s'exprimait en novembre dernier dans *Art fairs International*), les biennales d'art contemporain forment un des pôles d'attraction aujourd'hui bien établi du tourisme géoculturel. Tantôt vitrines de l'art local, tantôt relais des tendances globales, leur développement accompagne celui de la mondialisation. Si quelques biennales optent pour la résistance régionaliste, d'autres, toujours plus nombreuses et stéréotypées, travaillent en revanche à homogénéiser styles, conceptions esthétiques et regard critique. Les biennales, simples produits d'une culture industrialisée ? Le vecteur clé, plutôt, d'une normalisation en cours, d'esprit « cross-culturaliste », de la création artistique internationale.

Concernant le phénomène des biennales et la normalisation qu'il institue, nous reprendrons en quelques mots les conclusions d'une étude sur la question, menée jadis pour la revue *Art presse*[1]. Depuis la création, pionnière, des biennales de Venise (30 avril 1895) et du Whitney Museum de New York (1932), les créations s'accélèrent, avec dans les années cinquante, une création (São Paulo) ; dans les années 1960-1980, dix (dont La Havane et Sydney) ; entre 1990-2008, plusieurs dizaines. De plus, la vocation des biennales tend à s'homogénéiser. Plate-forme de visibilité, une biennale d'art est, comme telle, un outil de légitimation. La mise en valeur peut y favoriser l'art local : ainsi des biennales « nationales » du Whitney Museum à New York, pour l'art américain, et « régionales », de Dakar, Le Caire, Buenos Aires, Lima, Sharjah (Émirats Arabes Unis) et de la zone Caraïbe. Ou y valoriser l'activité artistique d'une aire géographique élargie, parfois au nom de revendications tiers-mondistes : biennales « civilisationnelles » de La Havane ou de Johannesburg (en 1995 et 1997 pour cette dernière). La

---

[1] Paul Ardenne,

mise ne valeur esthétique que promeut la biennale, le plus clair du temps, va surtout profiter à l'art dit « international », sans cadre géographique autre que planétaire, une tendance aujourd'hui dominante et nourrie par le copier-coller : Istanbul 2001, par exemple, recyclant nombre d'artistes *mainstream* montrés à Venise quelques mois plus tôt et, à l'automne dernier, la mise en réseau des biennales de Lyon, d'Athènes et d'Istanbul au même moment. Enfin, existe une irrépressible tendance à l'expansion, toujours plus d'œuvres, d'artistes, de sélectionneurs. Quand elle est créée en 2003, la biennale de Prague, se revendique comme « l'événement majeur du monde de l'art, avec vingt curators internationaux et environ deux cents artistes originaires du monde entier ».

Ce dispositif d'ensemble a sa raison d'être : faire tenir à la biennale le rôle de baromètre des styles ; lui permettre de légitimer artistes ou courants en vogue quel que soit l'endroit où ceux-ci officient ou apparaissent. Tout est-il bien ? En apparence oui, dans la mesure où la multiplication du phénomène des biennales semble consacrer planétairement le triomphe de la diversité, de cette multiculturalité si chère, en France, aux élites françaises. À ceci près, cependant, qui tend à discréditer le système : même « Noccident », les biennales sont bien souvent liées d'une manière ou d'une autre à l'Occident, via les subsides, les comités de sélection, le soutien du marché ou encore la personnalité du commissariat, instances qui sont censées permettre le désenclavement artistico-culturel.

Cette quête de l'optimum de représentativité n'est certes pas répréhensible. Comment exister si l'on n'est pas vu, pas entendu, pas médiatisé ? Sa contrepartie, c'est l'affiliation à l'Occident, la soumission à son système de régulation de l'élection artistique et à ses valeurs fétiches du moment. L'habitué des biennales le constate ainsi sans peine, tandis qu'il passe d'un continent à l'autre à un rythme toujours plus rapide : à côté de quelques artistes inconnus, une biennale présente souvent les mêmes noms, qu'il s'agisse des artistes ou, tout autant, de leurs sélectionneurs. Concernant ces derniers, on se gausse d'ailleurs à l'envi de ces « super-animateurs » culturels intégrés, cooptés et souvent solidaires les uns des autres que sont aujourd'hui, sur le marché de la livraison clé en mains d'expositions internationales, des *curators* tels que (parmi d'autres) Jan Hoet ou Harald Szeemann pour l'ancienne génération jusqu'à une période récente, Okwui Enwezor, Carlos Basualdo, Maria Lind ou Ute Meta Bauer Octavio Zaya pour la nouvelle. Censés montrer la diversité, l'hybridité et le métissage, bref, la qualité et le destin « cross-culturaliste » de la création artistique contemporaine, ces activistes – pour certains d'entre eux acquis aux thèses anti-impérialistes ou autonomistes de Toni Negri, Hohmi Bhabha, Hakim Bey ou Édouard Glissant... – ne font en réalité que renforcer la puissance de l'« Empire » en termes de sélection, donc de contrôle. Bref, autant d'agents néo-coloniaux de la mise au pas occidentale du monde, subtils récupérateurs de la Périphérie aux fins d'asseoir le pouvoir du Centre. De nouveau l'externalisation de l'Occident, comme on l'a signifié tout à l'heure pour ce qui concernant l'évolution des musées à la conquête d'une aura internationale.

Il conviendrait pour être tout à fait complet d'évoquer à ce registre, encore, le phénomène des foires d'art contemporain, dont la multiplication, à l'instar de celle des biennales, est aujourd'hui exponentielle, au point qu'on peut lire parfois sous la plume de certains commentateurs, sachant que la valeur marchande de l'œuvre fait aussi sa valeur esthétique, que « les foires sont les biennales du futur ». Les foires d'art occidentales, celles de Bâle, de Londres, de Paris, de New York, sont à leur manière aussi des indicateurs du siège du vrai pouvoir, un pouvoir culturel sans doute mais de façon gémellaire, tout autant, économique : leurs volumes d'affaires, eux aussi, sont hégémoniques, en plus d'être en expansion. L'Armory Show, la foire d'art contemporain de New York, a connu un développement spectaculaire depuis sa création, au début des années 2000 : + 50 % en trois en ans pour la période 2003-2006, pour un volume d'échanges, en 2006, de 62 millions de dollars… Quant à la foire de Bâle, Art Basel, la plus importante au monde, celle-ci s'est dédoublée voici trois ans : en juin en Suisse, en décembre à Miami Beach. Ou le marché de l'art suit pas à pas le flux de l'argent.

II. La politique française en matière d'arts plastiques

Nouveaux musées expansionnistes, biennales globales d'obédience occidentale, foires aux chiffres d'affaires « West »… Quelle est donc, dans cette réalité en mutation, la situation de la France ? Bonne, mauvaise, en voie de réforme, totalement dépassée pour cause de cette « exception française » favorisant une création artistique sous contrôle étatique et sous condition de ressources, devenue obsolète ?

Une idée reçue, en la matière, c'est celle du déclassement : la France ne saurait pas promouvoir ses propres plasticiens ou bien ceux-ci, pour des raisons multiples – la compétence artistique ou l'apport créatif, notamment –, seraient incapables de rivaliser avec leurs homologues étrangers, anglo-saxons en particulier, en termes de représentation internationale.

Si l'on regarde, en effet, les « listes » diverses qui circulent dans le milieu même de l'art – listes de notoriété, listes établies de la valeur marchande des œuvres –, il ne fait aucun doute que la création plastique hexagonale est totalement en retrait, voire assez nettement hors course : aucun artiste français dans le *Top fifty*, voire dans le *Top hundred* si l'on se rapporte aux données marchandes. Un même constat de désertion de l'univers global de l'art contemporain – ce que l'on peut appeler, par commodité, le « globart » – peut être fait pour peu qu'on interroge les listes d'artistes des biennales internationales ou encore des expositions thématiques de calibre supranational. La valeur de ces données chiffrées reste, il est vrai, problématique.

Après tout, si la culture globale est vulgaire, mieux vaut ne pas y apparaître. Ne pas abonder le flot statistique, dans ces cas-là, est un critère d'excellence, non de faiblesse. Cela étant, il est tout de même difficile de ne pas tenir compte de ce recul statistique, ne serait-ce que pour ce qu'il signifie directement : la France n'est plus un pays « prescripteur » en matière d'art, elle ne fait plus la loi, qu'il s'agisse d'esthétique, de représentation internationale ou du marché. C'est là, très précisément, le constat auquel était arrivé voici quelques années – en 2001 – le sociologue Alain Quemin, dans une étude commandée par le ministère des Affaires étrangères qui fit alors un certain bruit, et dont les conclusions étaient sans appel, fondées qu'elles étaient, justement, sur la donnée comptable et, pour l'occasion, sur le constat de la « disparition » même de l'art français à l'étranger, qu'il en aille des grandes expositions ou des salles de vente internationales.

Sans revenir sur le « rapport Quemin » (il date quelque peu dans un système en évolution rapide), qu'il soit permis toutefois de rappeler, d'une part, ses constats principaux, d'autre part, ses préconisations, ne serait-ce que pour apprécier si, oui ou non, la situation a, à ce jour, évolué.

Le rôle des pays prescripteurs sur le marché et dans le monde de l'art contemporain. De ce titre consacré à la représentation de l'art français à l'étranger, il ressort les points suivants : d'une part, l'érosion graduelle de la représentation internationale de l'art français, érosion accrue s'agissant de l'art le plus récent ; d'autre part, une désaffection pour l'art contemporain français sur le marché ; enfin, le caractère discutable du concept de « mondialisation » dans un système global de l'art soumis au rythme qu'imprime le duopole États-Unis d'un côté, Allemagne et Angleterre de l'autre. Ainsi perçue, c'est-à-dire de manière objective, sans esprit de chapelle, la fameuse « exception française » est, pour les arts plastiques, un plein succès, mais sur un plan purement négatif ! Elle révèle en l'occurrence les prémices de ce splendide isolement qui mène tôt ou tard à l'exclusion, isolement qui ne laisse évidemment pas de surprendre le grand public dans la mesure où l'art est soutenu, comme nulle part ailleurs, par la puissance publique.

On a voulu voir ça et là dans le « rapport Quemin » un brûlot libéral, une dénonciation du complot jacobin ou une énième déploration des effets décrétés pervers de l'institutionnalisation de l'art. Ces multiples attaques contre le « rapport Quemin », en leur temps, ont relevé surtout du parti pris idéologique. Plus intéressantes sont incontestablement les données concrètes qu'il met à jour. À propos du marché international, par exemple, voici les propos de Alain Quemin :

« les artistes français sont très peu présents quand il s'agit des ventes aux enchères les plus prestigieuses. Quant à la reconnaissance de nos artistes par les autres pays, les accrochages des grands musées internationaux étrangers indiquent clairement une coupure au cours des années 1970 et, passée cette date, les artistes français sont presque absents des cimaises (…) Le fait d'établir le constat objectif que les artistes français ont reculé sur la scène internationale depuis une trentaine d'années et encore au cours des années récentes n'implique nullement que les artistes français sont devenus moins bons. Dans mon travail, j'ai d'ailleurs tenté de dégager des pistes d'actions à entreprendre qui vont d'une meilleure sensibilisation des Français à l'art en général, et à l'art contemporain en particulier, dans le cadre de l'enseignement, à une modification des modalités de soutien à la diffusion des arts plastiques français à l'étranger. »

À propos, encore, de la politique étatique en matière d'arts plastiques :

« Un certain monde des arts plastiques français vit trop dans l'illusion du frémissement et du bouillonnement, de l'effervescence. Je suis toujours frappé par le discours très conservateur qui consiste à dire que, certes, les choses n'allaient pas très bien un an ou deux auparavant, mais que les choses sont sur la bonne voie, quand bien même aucune amélioration réelle n'est apparue. »

Appréciation sévère, pour le moins, mais pas infondée quelques années plus tard, si l'on s'en tient à la représentation de l'art français à l'étranger. Ce qui est à peu près sûr, en effet, c'est que la France ne fait pas forcément rêver les artistes contemporains. De façon sûre, bien moins que certaines contrées plus magnétiques : New York, bien sûr mais aussi, aujourd'hui, la Chine. Jusqu'au ridicule, on en conviendra. Bien des artistes, de la sorte, vont aujourd'hui travailler à New York ou à Shanghai parce que le sentiment dominant est qu'il faut travailler là, que là est l'épicentre de l'art global et pas ailleurs, ce qui est évidemment un effet de mode plus qu'autre chose – sachant toutefois que la mode même, dans les sociétés culturellement instables telles que la nôtre, est aussi un puissant facteur d'insémination culturelle, et une des formes de la « vérité » ou, du moins, de la *doxa*, de la croyance générale.

Faut-il donc, s'agissant de la France et des arts plastiques aujourd'hui, nuancer ou non l'appréciation d'Alain Quemin ? Oui, sans conteste, au regard de quelques données signalant tout de même une tentative de reprise en mains et d'amendement.

III. Situation récente

On assiste, en effet, à un phénomène de plus grande ouverture, sur le territoire national même, à l'art international – ainsi les expositions consacrées l'an passé, au Grand Palais, à Anselm Kiefer en 2008, avant celle consacrée à Richard Serra en 2009. De même, l'extension du domaine de la muséographie française en direction de l'international s'accélère : Louvre Abu Dhabi, le centre Pompidou en Chine. Autre point positif, la cohérence d'une conception multipolaire de la culture mondiale commence à apparaître. Si celle-ci ne fera pas pièce à la position étasunienne, unipolaire, du moins a-t-elle le mérite de dire où « est », où se situe la France en matière de positionnement culturel international. L'ouverture du Musée des arts premiers du

Quai Branly, à cet égard, est un indicateur qualitatif et politique bienvenu. Enfin l'ouverture (encore trop relative et trop timide) de la gestion du parc muséographique à la curatelle étrangère peut être signalée. Songeons en particulier au Palais de Tokyo dont la direction artistique est assurée, depuis un an et demi, par le Suisse Marc-Olivier Wahler. Non que la présence d'une direction d'origine étrangère soit un gage automatique de qualité, du moins permet-elle, sur le modèle « podestatique » du Moyen Âge italien, de s'alléger du poids des pressions clientélistes autochtones. Pour le reste, il faut le reconnaître, bien peu de changements à noter. Remarquons à ce propos que ce n'est pas l'étique et maigrelette présence de la France à la dernière foire ArtBasel Miami (*French Kissin' in Miam*) qui est de nature à faire resplendir l'art vivant originaire de l'Hexagone. Plutôt que multiplier ce type de propositions faibles, dont la criante faiblesse se voit et s'expose comme un emblème de débilité, ne vaudrait-il pas mieux, en fait, apparaître autrement : non pas, comme toujours, en tant que représentation nationale (les Français et les autres) mais dans le flot international lui-même (les Français parmi et avec les autres) ?

Tout le problème, en substance, pourrait bien résider dans l'orgueil français, dans cette insondable prétention des Français à croire qu'ils incarnent définitivement le sel culturel de la Terre et qu'ils parlent forcément pour le monde, posture gauloise qui rend d'emblée difficiles et pénibles les remises en cause. La sagesse, en l'occurrence, serait plutôt d'admettre que la France est à présent une nation parmi d'autres, et non des plus remarquables, une puissance de second ordre en voie de graduelle déqualification planétaire dont il est probable qu'elle n'a rien de plus intéressant à dire du monde que telle ou telle autre nation, et qu'il est donc temps en conséquence qu'elle cesse de chercher une position de leadership. Admettre en somme qu'il convient d'aborder la question culturelle non plus de manière propriétaire, mais avec humilité, comme une affaire collective dont on n'est, au plus, qu'un des gestionnaires parmi une multiplicité d'autres, nos semblables, mais non forcément nos frères.

À l'étranger, promouvoir non seulement le cinéma français, mais l'« idée française du cinéma »

Jean-Michel Frodon

À la fin de l'année 2006, le cinéma français paraissait jouir d'une bonne situation : activité intense, efficace, reposant sur une heureuse combinaison de forces issues de la puissance publique et d'opérateurs privés. Or, la situation a sensiblement évolué depuis 15 mois, et elle pose autant de questions à l'avenir qu'elle ne brouille la situation présente, désormais devenue moins nette. Un bref résumé des diverses modalités de l'activité cinématographique en direction de l'étranger devrait présenter les structures existantes avant de s'interroger sur l'impact des dernières décisions du Quai d'Orsay quant à l'exportation du cinéma français.

I. Structures d'accompagnement du cinéma français à l'étranger

Tout d'abord, il existe un réseau d'attachés audiovisuels dans les ambassades et les consulats des grandes villes. Ces attachés, généralement placés sous l'autorité de conseillers culturels, mènent des actions de diffusion du cinéma français en organisant des projections de films, la venue de personnalités du cinéma, en mettant à disposition des documents imprimés ou audiovisuels, en soutenant des initiatives locales où le cinéma français trouve sa place, en accompagnant les initiatives des Centres culturels français ou des Alliances françaises chaque fois l'occasion s'en présente.

Nous avons eu, depuis 20 ans, l'occasion de travailler avec de très nombreux attachés audiovisuels dans le monde entier, et je voudrais à la fois souligner combien la qualité du travail, indépendamment du cadre administratif commun, dépend de la qualité des personnes, et simultanément combien nous avons souvent eu le bonheur de trouver des interlocuteurs motivés, connaissant et aimant le cinéma, au fait des réalités locales du pays en la matière.

Il faut ici, sans plus attendre, faire une incise : nous parlons du cinéma français mais dans le domaine du cinéma – je doute que ce soit la même chose pour la littérature ou le théâtre – il faudrait plutôt parler d'une « idée française du cinéma » : le cinéma comme art, par opposition à l'approche archi-dominante dans le monde du cinéma comme seul produit de divertissement industriel selon l'approche hollywoodienne ; et le cinéma comme pouvant faire l'objet d'une politique publique, s'inspirant des pratiques françaises, et visant à soutenir les dimensions culturelles de ce secteur. Cela signifie que, très souvent, les agents de la France dans le monde sont des interlocuteurs privilégiés pour les cinéastes du pays où ils se trouvent et pour tous ceux qui y aiment le cinéma, qu'ils deviennent dans de nombreux cas, surtout dans les pays pauvres et les pays à régimes autoritaires, non seulement ceux qui apportent des films, mais aussi ceux qui permettent sur place à des films d'être faits et d'être montrés à l'étranger. De plus, la France joue un rôle si important dans les coproductions internationales qu'il est fréquent, et légitime, que les personnels en charge de l'audiovisuel dans les ambassades et les consulats français montrent des films qui n'existent que grâce à un partenariat économique et technique avec des sociétés françaises, mais qui sont, à l'écran, tout à fait chinois, iraniens, argentins, burkinabés ou d'ailleurs états-uniens. Enfin, dans le même esprit, de nombreuses agences publiques, à commencer par le Centre national du cinéma, parapubliques par exemple les grandes écoles de cinéma ou les Cinémathèques, voire privées, exemplairement les *Cahiers du cinéma*, mènent des actions de terrain à l'étranger, qui visent à populariser tout cet ensemble de conceptions culturelles, politiques et économiques que j'ai appelé « l'idée française du cinéma ».

Cet activisme de terrain dépend administrativement et s'appuie sur une Direction de l'audiovisuel extérieur au Ministère des Affaires étrangères (MAE), qui fournit le soutien logistique et une grande part du matériel qui peut être montré localement. Un travail particulièrement important de cette direction concerne la libération des droits sur les films pour leur projection à l'étranger dans un cadre non commercial : le MAE possède un catalogue de 300 films en 35 mm mis à la disposition de tout le réseau culturel (longs-métrages sous-titrés en anglais, espagnol et arabe), collection qui doit être entretenue et enrichie, dont les droits doivent être renouvelés, dont les copies doivent être conservées. Cette direction produit également des collections de films, désormais en DVD, qui offrent des ensembles cohérents et significatifs. Elle dispose d'un serveur qui permet un accès sécurisé en ligne à une banque de films. Elle est en outre une précieuse source de documentation sur les cinématographies du monde, collectant parfois des informations qui font défaut aux pays concernés. Explicitement, une des vocations de la DAE est de contribuer à la production et à la diffusion, partout dans le monde, de ce qu'on appelle « les cinémas du Sud », avec en particulier un dispositif important, le Fonds Sud, auquel contribuent les ministères de la Culture et des Affaires étrangères. Cette action participe de façon importante à une défense du cinéma qui ne se limite pas aux intérêts immédiats des Français. Bien que le ministère fasse une différence, on ne distingue pas ici les actions concernant la fiction et le documentaire qui, pour nous, relèvent conjointement du cinéma. Il ne sera rien dit, en revanche, de l'action de cette direction et des ses envoyés de terrain en ce qui concerne les médias, notamment la télévision, et les NTIC.

Entre la direction centrale et les attachés locaux, il existe d'ailleurs des structures intermédiaires extrêmement utiles, comme le réseau des attachés audiovisuels en Asie, qui alimente en permanence une banque de données sur l'ensemble de la région, ou le réseau des attachés des États-Unis, qui fait un travail comparable.

En parallèle à cette activité qui relève de l'action publique, il existe un organisme de promotion à l'étranger du cinéma français selon une logique commerciale, Unifrance, organisme créé en 1949. Il se trouve, pour l'essentiel, sous le contrôle des producteurs et des exportateurs de films français. Il s'apparente, en principe, à une chambre professionnelle d'export, comme il en existe pour les voitures ou les chaussures, même s'il est presque entièrement financé par des crédits du CNC. Nous disons « en principe » parce que, dans les faits, il y eut une époque assez longue, récente, mais aujourd'hui terminée, où la pensée de la culture et celle de la diplomatie au sein de l'État et l'approche de l'exportation de la part des acteurs privés auront convergé vers une stratégie commune. Dans le droit fil d'une vision internationale des usages de la culture comme ressource diplomatique du pays, les politiques héritées d'une vision inspirée de De Gaulle et de Malraux, modernisées par Jack Lang et Mitterrand, avec le soutien plus ou moins enthousiaste des ministres des Affaires étrangères, ont trouvé un interlocuteur parfaitement en phase avec cette approche en la personne du producteur Daniel Toscan du Plantier, président d'Unifrance de 1988 à sa mort en 2003. Son héritage a été si fort qu'il aura mis du temps à se déliter, pour être aujourd'hui revenu à ce qui existait auparavant, soit à peu de choses près une approche purement marchande de la présentation des films sur les marchés étrangers, qui ignore la dimension artistique de ces produits et les effets indirects, difficilement quantifiables, d'une défense d'ensemble de cette fameuse « idée française du cinéma », une idée culturelle et pas seulement marchande, idée qui aura pourtant été financièrement très profitable à ceux qui exercent l'honorable profession de vendre des films. Pour compléter ce tableau de l'action culturelle extérieure dans le domaine du cinéma, il faudrait enfin mentionner une troisième dimension, qui complète l'action publique et le travail à l'export du privé. Il s'agit de l'immense travail de diplomatie culturelle sauvage que constitue le tissu associatif cinéphile en France même, et notamment les centaines de Festivals de cinéma qui entretiennent des liens réguliers avec les cinématographies du monde, leurs acteurs artistiques économiques et politiques. Le Festival de Cannes est une institution qui joue un rôle étonnant dans le rayonnement symbolique de la France dans le monde, mais de très nombreuses manifestations plus modestes, et parfois très petites, organisent une circulation incessante de films, de personnes et d'idées entre tous les points du territoire français et toutes les parties du monde où il existe un tant soit peu de cinéma. Outre les grandes manifestations internationales comme La Rochelle, Amiens, Belfort, il y a le cinéma italien à Annecy, espagnol et le latino-américain à Toulouse et à Biarritz, européen à Angers, le cinéma méditerranéen à Montpellier, les grandes manifestations des 3 continents à Nantes, mais il y a aussi, en très grand nombre, des micro-opérations qui jouent un rôle au total très important. Les organismes en question agissent en France, mais ceux qui les animent voyagent beaucoup, et ce sont des milliers d'ambassadeurs itinérants du cinéma qui, chaque année, se déplacent. Là aussi, il y a lieu de s'inquiéter au moment où le ministère de la Culture annonce des coupes importantes dans le soutien à ce tissu associatif. Parmi tous ses organismes de terrain, permettez qu'il soit cité aussi les *Cahiers du cinéma*, qui organisent dans de nombreux pays des « semaines » où nous présentons des films et sommes accompagnés de cinéastes. Les *Cahiers du cinéma*, qui incarnent eux aussi à leur manière l'idée française du cinéma, ont une forte diffusion à l'étranger (environ 20 % du total), et disposent désormais d'éditions en anglais et en espagnol, en même temps que d'une mise en ligne d'une partie de leurs articles dans d'autres langues (arabe, italien, chinois, japonais, turc…).

II. Remise en question d'un modèle

Cette situation est remise en question avec l'évolution majeure annoncée pour la fin de l'année 2008, qui doit voir la disparition de la Direction de l'audiovisuel extérieur dans la forme décrite ci-dessus, et l'absorption de la politique extérieure du cinéma par Culturesfrance, qui a succédé à l'AFAA, et à laquelle le cinéma échappait tout à fait. Il n'y a pas aujourd'hui de raisons de suspecter Culturesfrance de moins bien défendre, demain, le cinéma que ne l'ont fait ceux qui en avaient la charge jusqu'à présent au sein de la DAE. On ne peut que constater la fin d'un système qui aura globalement produit d'excellents résultats. Ce constat a lieu dans un contexte inquiétant : les derniers mois ont en effet vu se réduire les moyens matériels affectés aux postes culturels et notamment pour le cinéma, tandis que des messages, sinon des émissaires venus de Paris, notifiaient clairement qu'à une politique de rayonnement culturel devait désormais se substituer une politique d'exportation des produits des industries culturelles françaises, ce qui n'est franchement pas la même chose. Ainsi, dans le domaine du cinéma français et de son exportation, « l'adaptation » à la mondialisation et l'ouverture à autrui semblent bien avoir caractérisé la stratégie des différents acteurs publics et privés. En Chine, en Corée, dans le Sud-Est asiatique, dans le cône Sud latino-américain, la stratégie culturelle du cinéma a marqué des points, ouvert des portes, pas seulement de cinéma. Elle a en revanche raté le coche en Europe de l'Est et en Russie au moment de la chute du Mur, mais la situation n'est pas perdue, grâce là aussi à l'activisme de quelques-uns ; et il peut en aller de même dans le monde arabe notamment. L'Europe de l'Ouest, quant à elle, réserve des résultats plus qu'inquiétants. On peut ajouter qu'il y a plutôt surabondance (mal employée) de ressources humaines en matière d'attachés audiovisuels ; aujourd'hui le MAE tendrait à éliminer des personnes, souvent très compétentes et motivées, presque toujours jeunes, dont les connaissances dans un contexte géographique donné pourraient pourtant être mises à profit par la collectivité qui leur a offert les possibilités de cette formation.

Nous ne connaissons pas aujourd'hui la stratégie qui sera celle de Culturesfrance pour le cinéma, mais, en liaison avec les acteurs économiques et les associations de cinéma, il y a sans doute de considérables terrains où l'on pourrait avancer, précisément dans le contexte de la mondialisation. Espérons pour notre part que l'énorme trésor de savoirs et d'enthousiasme accumulés dans ce secteur depuis un quart de siècle sera mis à profit dans le nouveau contexte qui se dessine aujourd'hui.

La télévision dans l'action audiovisuelle extérieure de la France : entre tensions et contradictions

Guy Lochard

C'est une question très vive que celle de la place et du rôle de la télévision dans l'action audiovisuelle extérieure de la France. Elle est sujette, depuis deux décennies environ, à une histoire tumultueuse, émaillée de rebondissements et de tensions sans cesse réactivés par des annonces parfois inattendues comme celle du Président Sarkozy réaffirmant, lors sa conférence de presse du 8 janvier 2008, la création d'une nouvelle chaîne publique appelée *France Monde*. Mais, et là était la nouveauté, ne diffusant qu'en français, ce qui ne fut pas d'ailleurs sans susciter réserves et réticences chez certains de ses ministres. On se propose de reconstituer ici les grandes étapes de ce processus et plus encore de mettre au jour les grandes logiques qui ont présidé aux décisions dans ce domaine. Non sans contradictions, comme on pourra le vérifier.

I. Les grandes étapes

De TV 5...

C'est en 1984 qu'est lancée la chaîne francophone *TV5* et que commence, en France, à se mettre en place une action non pas audiovisuelle mais proprement télévisuelle extérieure. Cette initiative s'explique par le développement au début des années 80 des technologies satellitaires qui rendaient désormais possibles la diffusion et la réception de programmations transnationales, le paysage audiovisuel international commençant dès cette époque[1] à se modifier avec l'apparition des premières chaînes d'information en continu. Créée sous l'impulsion du ministère français des Affaires étrangères français, *TV5* associe cinq opérateurs de télévision publique francophones (*TF1, Antenne 2, FR3,* la *TSR* et la *RTBF*) rejoints en 1986 par un consortium de télévisions canadien (formé de *Radio-Canada* et de *Télé-Québec*). La chaîne se développera ensuite à travers la création en 1988 outre-Atlantique de *TV5 Québec-Canada,* puis, en 1991, de *TV5 Afrique,* la diffusion vers l'Amérique latine et les Caraïbes débutant quant à elle en 1992, celle vers le continent asiatique et le Pacifique Sud en 1996 et celle dans le monde arabe en 1998 avec *TV5 Orient.*

En 1999, intervient un changement stratégique avec la mise en œuvre d'une nouvelle programmation construite autour de l'information. Fondée sur la diffusion de flashs, de journaux propres et la rediffusion des journaux télévisés de tous ses actionnaires (*France 2, France 3, TSR1, RTBF, Radio-Canada*) elle constitue donc un infléchissement notable par rapport au modèle initial[2] de *TV 5.*

---

[1] Rappelons en effet que si c'est en 1990-91 que *CNN* obtient une reconnaissance mondiale du fait, notamment, de sa couverture de la première guerre du Golfe, c'est en 1981 que la chaîne d'Atlanta est lancée par Ted Turner.

[2] Voir à cet égard les déclarations de Serge Adda interrogé sur ce point : « TV5 est une chaîne généraliste de par son statut de chaîne mondiale. Elle est l'unique chaîne mondiale en langue française. Elle ne peut donc être que généraliste. Elle a cependant une colonne vertébrale qui est l'information puisque nous avons à peu près 14 sessions d'information par jour qui sont produites directement par la rédaction de TV5. Nous programmons en plus des journaux télévisés un certain nombre de magazines ou de débats. Et il y a maintenant cinq cases de documentaires hebdomadaires ».

La deuxième initiative importante dans l'action audiovisuelle extérieure française est constituée par la création, en 1989, de la banque de programmes *CFI* (Canal France International). Son objectif était de favoriser, en complément de *TV5,* une offre audiovisuelle française à l'international en fournissant aux chaînes de télévision des pays émergents des programmes français de tous les genres (séries, animation, cinéma, sport, information, etc.). D'autres objectifs ont été depuis assignés à *CFI,* principalement l'aide logistique à la création de chaînes et à la formation. Les bénéficiaires ont été un certain nombre de pays, en Afrique, au Proche et Moyen-Orient et en Europe centrale et orientale. Il est à noter cependant, comme le relève Thierry Lancien[1], que cette deuxième initiative a été mal comprise : « Devenue télévision à part entière (pour cesser d'émettre en décembre 2003), relève ce chercheur, *CFI* entra quelque peu en concurrence avec *TV5* mais surtout elle incarnait à notre avis une autre conception de l'action audiovisuelle… ».

Même si on peut considérer qu'elle n'en relève pas au sens strict, une autre date importante de l'action audiovisuelle extérieure française est le 3 janvier 1993 qui marque les débuts d'*Euronews.* Associant un consortium de onze chaînes européennes du service public (dont *France Télévisions,* la *RAI,* et la *RTVE*), toutes membres de l'UER (Union européenne de Radio-Télévision), cette nouvelle chaîne constitue le premier service d'information télévisé multilingue en Europe. Là aussi la relation avec la guerre du Golfe souvent évoquée pour expliquer la suprématie de *CNN* peut être établie, *EuroNews* étant créée dans le but de proposer une perspective européenne sur l'actualité

Adda, Serge,, « TV5: Diversité culturelle, francophonie et mondialisation », Entretien avec Guy Lochard, *Hermés* N°40, Francophonie et mondialisation.

[1] Thierry Lancien, « L'action audiovisuelle extérieure de la France en matière de télévision. D'une logique culturelle à une stratégie politique », *Hermés* N° 40, Francophonie et mondialisation

internationale, voire devant participer à la « construction d'une identité européenne ». On pourra rétorquer à cet égard qu'*Euronews* n'est pas une chaîne française. Elle ne contribue pas toutefois à clarifier la politique de l'action audiovisuelle extérieure française. Bien au contraire, elle contribue à la complexifier.

... à France Monde

L'autre pièce maîtresse de ce dispositif est donc constituée par la chaîne d'information en continu *France 24* désormais *France Monde*. Déjà évoqué en 1987 dans un rapport de Michel Péricard. le projet d'un vecteur d'information strictement national se dessine réellement en 1996 avec la commande adressée par le Premier ministre Alain Juppé à Jean-Paul Cluzel, alors président de *RFI*. Commence alors un feuilleton aux nombreux épisodes dont on se bornera ici à n'évoquer que les principaux moments. Jean-Paul Cluzel propose en 1997 de réunir *TV5, RFI et CFI* au sein d'une société baptisée *Téléfi*. Le gouvernement décide de suivre cette recommandation. Avec le retour au pouvoir de la gauche à la suite de la dissolution de l'Assemblée nationale en 1997, le nouveau ministre des Affaires étrangères, Hubert Védrine, choisit cependant de favoriser le développement des instruments existants, et en particulier *TV5,* qui, sous l'impulsion de ses présidents successifs, Jean Stock puis Serge Adda, a développé, on l'a vu, sa capacité à produire des programmes propres dont, notamment, ses journaux d'information. Jacques Chirac relance cependant en février 2002 le chantier de la chaîne française d'information internationale, plus précisément lors d'une allocution prononcée[1] à l'occasion d'une réception en

---

[1] Il déclara ainsi : « Est-il compréhensible qu'année après année, nous en soyons encore à déplorer les insuffisances persistantes de l'information et de l'audiovisuel francophone sur la scène mondiale ?... Chacun constate que nous sommes encore loin de disposer d'une grande chaîne d'information internationale en français, capable de rivaliser avec la *BBC*

l'honneur du Haut Conseil de la francophonie au Palais de l'Élysée. Différents scénarios commencent à être évoqués : la création d'une chaîne *ex nihilo*, comme le propose le président de *France Télévisions*, Marc Tessier ; la réalisation d'une version internationale de *LCI*, comme le propose *TF1*; le renforcement de l'information au sein de *TV5*, comme le suggèrent Serge Adda et les services du ministère des Affaires étrangères. Lors de la clôture de l'appel d'offres le 22 avril 2003, trois candidats ont répondu : *France Télévisions* et *RFI* qui défendent ensemble un projet entièrement public ; le Groupe *TF1* qui propose une version internationale de *LCI* ; le groupe *Canal+* qui veut créer un *pool* d'information pour alimenter sa filiale *iTélé*.

Il est à noter cependant, qu'à la même époque, une commission parlementaire pluraliste qui a travaillé parallèlement rend ses conclusions. Elles vont dans le sens de la création d'un groupement d'intérêt public rassemblant l'ensemble des acteurs publics (*France Télévisions*, RFO, *RFI, TV5*. Le gouvernement demande alors au député Bernard Brochand d'élaborer un scénario à partir des différentes propositions, ce qu'il fait en tentant de rapprocher *TF1* et *France Télévisions* mais en écartant *RFI* afin de créer une chaîne détenue à égalité par le groupe privé et le groupe public et provisoirement baptisée *CF21* ou *CFII*.

Le processus s'accélère en 2004, le Président de La République affirmant sa volonté d'un lancement dès la fin de l'année. Il provoqua ainsi protestations et récriminations des différentes parties en présence. Les députés firent valoir leur mécontentement de la non-prise en compte de leur projet. *RFI* protesta contre sa mise à l'écart et les syndicats de

---

ou *CNN*. Et les crises récentes ont montré le handicap que subissent un pays, une aire culturelle, qui ne disposent pas d'un poids suffisant dans la bataille de l'image et des ondes. Interrogeons-nous, à l'heure des réseaux hertziens, du satellite, de l'Internet, sur notre organisation dans ce domaine et notamment sur l'éparpillement des moyens publics qui lui sont consacrés ».

France Télévisions dénoncèrent le rapprochement avec le privé. Jean-Pierre Raffarin, le Premier ministre temporisa pendant toute l'année 2004 devant ces différentes oppositions. Le 9 décembre 2004, il finit par annoncer le lancement de la chaîne d'information internationale dès 2005[1].

En 2005, Patrick de Carolis, le nouveau président de *France Télévisions* met en doute la viabilité de l'alliance avec *TF1*. Un accord finit, cependant, par être trouvé sur la base d'un schéma de société à directoire et conseil de surveillance dans lequel la présidence du conseil de surveillance est attribuée au président de *France Télévisions*. Le 30 juin 2006, le nom de la chaîne est rendu public. Il s'agira de *France 24* ou *F24* et le 6 décembre, la chaîne est effectivement lancée, uniquement en *streaming* sur Internet, puis sur le câble et le satellite dès le 7 décembre en France, en Europe, aux Proche et Moyen-Orient, en Afrique et aux Etats-Unis. Enfin le 2 avril 2007, des programmes en arabe sont diffusés à destination des téléspectateurs du Maghreb, du Proche et du Moyen-Orient.

Le dernier épisode est donc celui en décembre 2007 de la sortie, plusieurs fois différée, du rapport de Georges-Marc Benamou, prolongé, le 8 janvier 2008, par la déclaration évoquée précédemment du Président Nicolas Sarkozy.

II. Conception généraliste/conception informative

À parcourir cette histoire, on peut mesurer l'importance des tensions que cette politique audiovisuelle extérieure a suscitées, un des indices étant le nombre de rapports demandés par les gouvernements successifs sur cette

---

[1] « J'ai décidé, indique-t-il, de retenir le projet de société commune proposé par *France Télévisions* et *TF1*. Voulue par le Président de la République, la nouvelle chaîne bénéficiera des atouts des grands groupes français, public et privé, de télévision et favorisera l'expression d'une vision française plus que jamais nécessaire dans le monde d'aujourd'hui ».

question[1]. Il serait toutefois une erreur de l'interpréter sous l'angle d'une opposition à fondement strictement politique. De même serait-il sans pertinence de l'analyser sous l'angle unique d'une opposition public/privé, même si, on l'a vu, les intérêts et les logiques propres à chacun de ces secteurs du système télévisuel français sont intervenus et sont rentrés en contradiction.

On peut déceler en effet, mais au sein même de la francophonie, une première tension, perceptible dès la fin des années 80 entre une conception d'inspiration plutôt culturelle (*TV5*) du rôle de la télévision et une politique audiovisuelle à visée plus géopolitique représentée par *CFI*. Nous inscrivant dans le champ des Sciences de l'information et de la communication, on préférera appréhender ici cette dynamique conflictuelle sous l'angle d'une tension entre deux logiques programmatiques et énonciatives : une conception, généraliste et polyphonique s'opposant à une conception informative et monophonique, cette alternative renvoyant partiellement au débat monolinguisme/plurilingue qui a resurgi récemment avec la déclaration évoquée ci-dessus de Nicolas Sarkozy.

Au milieu des années 80, c'est plutôt l'option généraliste et polyphonique qui prévaut avec la création de *TV5*, le choix étant non pas d'adosser la nouvelle chaîne française internationale au groupe des chaînes publiques, à l'instar de la *BBC,* mais de mettre en place un consortium francophone réunissant cinq chaînes européennes. On notera cependant que *TV5* est née au sein du ministère des Affaires étrangères et qu'elle a donc été marquée, du moins à ses débuts, par cette culture institutionnelle. C'est cet héritage qui explique

---

[1] Les rapports officiels sont au nombre de 8, certains commandés par des gouvernements de gauche (Rapports Decaux, Imhaus, Pomonti) d'autres par des gouvernements de droite (Rapports Péricard. Balle), le dernier étant le rapport de Georges Marc Bénamou, sans compter une myriade de prises de position, elles aussi officielles, de personnalités politiques et de responsables de l'audiovisuel.

certaines de ses caractéristiques mais aussi, aux yeux de Thierry Lancien[1], certains de ses handicaps. « Le premier handicap de la chaîne tient, avance-t-il, certainement à l'extrême hétérogénéité des publics visés. La Francophonie recouvre en effet elle-même des communautés très diverses sur le plan politique et culturel et cette diversité ne semble pas être prise en compte réellement par la chaîne. La programmation de *TV5* présente un deuxième handicap. En effet, même si la chaîne a, petit à petit, mis en place des grilles de programmes en partie spécifiques à chacune des grandes régions du monde où elle diffuse, elle a tenu à rester généraliste. Le troisième handicap tient évidemment au fait que *TV5* n'a pas de moyens financiers pour des productions spécifiques. Ce sont donc des reprises des différentes chaînes partenaires qui sont proposées à un téléspectateur non seulement hétérogène mais aussi tiers.

Un tel diagnostic ne fera pas l'unanimité. Il est un fait cependant que, sans cesse mise en cause, *TV5* a connu un développement constant jusqu'à diffuser aujourd'hui, grâce à différents satellites et sept signaux, sur cinq grandes zones géographiques (l'Afrique, l'Amérique latine, l'Asie, l'Europe et le Québec-Canada). Elle a continué ainsi à occuper une place centrale dans le dispositif global de l'audiovisuel extérieur français et contribué à freiner d'autres initiatives, principalement le lancement de la chaîne d'information spécifiquement française qui ne s'est matérialisée que très récemment, mais dont il était question depuis vingt ans.

La question d'un vecteur d'information est bien en effet dès l'origine au cœur du débat sur l'audiovisuel extérieur français. On peut considérer qu'une première forme de réponse, encore qu'assez ambiguë puisque se situant à un niveau européen, lui est apportée avec *Euronews*. Ce besoin va s'imposer avec de plus en plus de force dans les années 90 et au début des années 2000. Il va légitimer, face à la

---

[1] *Ibidem.*

conception francophone et polyphonique, une option plus francocentrée de l'information qui a travaillé cependant *TV5* puisque ses responsables, on l'a déjà remarqué, se sont efforcés à la fin des années 90 de se doter d'un dispositif d'information autonome.

Au tournant des années 2000, avec le projet d'un « CNN à la française», cette conception monophonique traduisant la volonté d'une visée proprement géopolitique va de plus en plus s'imposer, l'action audiovisuelle s'orientant alors vers le modèle bien connu de la « voix de la France ». Cette conception de l'information rompt donc nettement avec les options retenues jusqu'alors avec *TV5* ; le choix du plurilinguisme, questionné depuis par Nicolas Sarkozy et le montage privé-public (*France-télévisions* et *TF1*), constituant là aussi une réorientation par rapport aux traditions francophone et de service public prépondérantes jusqu'alors.

III Une autre « narration du monde » ?

On en vient ainsi à la situation actuelle et les incertitudes qui la caractérisent. Comment expliquer tout d'abord la relance de cette question ? On peut s'accorder sur le fait que la chaîne récemment créée n'atteint pas aux yeux des dirigeants des taux d'audience à la hauteur des attentes, que l'outil n'est pas assez performant et qu'il importe en conséquence de rendre plus cohérentes ses structures tout en recherchant des économies d'échelle. On ne se prononcera pas sur ce point étranger à notre domaine d'études pour constater, qu'à lire certaines déclarations, il apparaît que le modèle monophonique est aujourd'hui indiscuté. Comme naturalisé dans l'esprit des dirigeants, donnant lieu parfois à de nouveaux modes de formalisation. À preuve cette déclaration de Bernard Kouchner plagiant explicitement Ricardo Petrella[1] en annonçant que « Nous devons repartir à

---

[1] Ricardo Petrella, *Pour une autre narration du monde*, Paris, Ecosociété, 2007

la conquête de la narration du monde » dans une tribune du *Monde* (4 décembre 2007)

Pourquoi donc ces difficultés persistantes pour la chaîne nouvelle venue à se construire une identité éditoriale et donc à se faire réellement identifier dans le concert international des chaînes d'information fortement intensifié depuis 2000 ? À cette question, une réponse à orientation géopolitique peut être apportée. Elle revient à observer que l'espace informatif international est déjà largement occupé par deux voix prépondérantes venant polariser les discours et les attentes spectatorielles quant au regard offert sur un certain nombre de scènes géopolitiques et notamment celle du Moyen-Orient.

Ces voix sont, d'une part, celle de *CNN* et à un degré moindre celle de *Fox*, autrement dit la voix des EU, à laquelle fait écho également, tout en faisant valoir sa différence, *BBC News* ; d'autre part, celle d'*Al* Jaazira puisque les autres chaînes panarabes qui se sont créées à la fin des années 90 ne parviennent pas, elles aussi, à se faire réellement entendre en raison de la position de leadership occupée par *Al Jaazira.*

Un autre modèle énonciatif ?

On voudrait ici à cet égard formuler une autre hypothèse explicative en avançant qu'une faiblesse constitutive de la chaîne *France 24* réside dans le fait qu'elle n'est pas parvenue à créer, à l'égard de ce public visé de « décideurs » (pour lequel la question de la langue ne revêt pas la même importance) une différence au niveau, non pas géopolitique, mais bien discursif. Autrement dit, à proposer et imposer un autre modèle d'énonciation de l'information par rapport aux chaînes classiques d'information en continu et notamment de *CNN*. Le dispositif d'information repris par *France 24* est bien en effet globalement structuré autour de la délivrance, en continu, de flashs d'information à base de micro-récits fragmentés, sur des évènements se déroulant au plan international et décrits dans le cours même de leur déroulement. En dépit de l'insertion dans la grille de débats et analyses, le souci prioritaire est bien là aussi dans ce modèle éditorial de « coller au plus prés à l'actualité » au nom de normes journalistiques aujourd'hui indiscutées se plaçant sous le diktat de l'instant. Or, et si on prend au mot Bernard Kouchner et son désir de voir s'installer une autre « narration du monde », on sait bien que, pour qu'un récit prenne sens, il faut pouvoir qu'il soit élaboré afin qu'il vienne pour reprendre la théorisation de Paul Ricoeur, « configurer l'expérience » des sujets concernés[1].

Mais, pour construire ou tendre à de tels énoncés narratifs dotés d'un véritable pouvoir d'intelligibilité, il faut pouvoir et savoir parfois prendre du temps en différant parfois la délivrance de l'information pour lui donner profondeur et sens. Conforté par l'analyse des grandes réussites dans l'histoire des médias, on suggérera donc pour conclure que pour s'imposer dans la « zone de concurrence discursive »[2] que représente aujourd'hui l'information internationale, c'est d'un autre modèle d'énonciation de l'information que *France Monde* a besoin. Non pas seulement d'une autre « voix » qui parlerait le français en sélectionnant et hiérarchisant les informations en fonction d'un prisme national. Mais d'un autre type de discours qui apporterait une plus-value quant à la compréhension du monde.

---

[1] Paul Ricoeur, *Temps et récit*, Tomes 1, 2, 3 Paris , Le Seuil, 1988-85.
[2] Emprunt de l'expression à Eliséo Véron, « Quand lire, c'est faire: l'énonciation dans le discours de la presse écrite », *Sémiotique II*, Faris, IREP, 1984, pp. 35-56

La Bibliothèque nationale de France et sa politique extérieure

Lucien Scotti

La dimension internationale est inhérente à la mission d'une bibliothèque nationale, dont les homologues sont, nécessairement, étrangers. L'action internationale de la Bibliothèque nationale de France a une longue histoire, qui commence, naturellement, avec celle de ses collections. Au-delà du patrimoine national issu du dépôt légal, celles-ci se sont enrichies par des achats, des dons, des dépôts ou des échanges de documents provenant de l'étranger. Au 20e siècle, l'émergence des techniques documentaires, l'accélération des moyens de communication et d'échange introduisent une nouvelle donne, la dimension internationale. Déjà présente dans les collections, elle concerne désormais les échanges entre professionnels et institutions. Cela se traduit, au sein de la Bibliothèque, par la création des premières structures à vocation internationale et par la participation des conservateurs à des instances qui regroupent les spécialistes de plusieurs pays. Ainsi, le Service de prêt, créé en 1839 pour contrôler la circulation des manuscrits et ouvrages rares, est rattaché à la Bibliothèque nationale en 1922. Le Service des Échanges internationaux est rattaché, lui, en 1936. Dans les années 90, plusieurs changements profonds vont transformer l'action internationale de la Bibliothèque, résultante d'actions diverses, en véritable politique internationale : il s'agit de la création de la BnF, en 1994, et du choix organisationnel de 1998. Au même moment, la révolution du numérique bouleverse le contexte de la coopération internationale.

I. La consécration de la vocation internationale de la BnF

En 1994, le décret créant la BnF, confie à cette dernière la mission de *"collecter, cataloguer, conserver et enrichir (…) le patrimoine dont elle a la garde"*. Il précise qu'*"à ce titre (…) elle participe à l'activité scientifique nationale et* **internationale***"*. De même, devant *"assurer l'accès du plus grand nombre aux collections (…) elle coopère avec d'autres bibliothèques et centres de recherche et de documentation français ou* **étrangers***"*.

S'agissant des moyens, le décret indique que *"pour l'exercice de ses missions, la BnF peut notamment […] coopérer, en particulier par la voie de convention […] avec toute personne publique ou privée, française ou* **étrangère***, et notamment avec les institutions qui ont des missions complémentaires des siennes ou qui lui apportent leurs concours"* et que *"à la demande du ministre chargé de la culture, du ministre des Affaires étrangères ou du ministre chargé de la coopération, la [BnF] participe, dans les domaines relevant de sa compétence, à l'élaboration et à la mise en œuvre des règles nationales, des règles* **communautaires** *et des accords* **internationaux***, ainsi qu'à la représentation de la France dans toute instance* **internationale***"*.

Le programme d'actions 2004-2008 prévoit explicitement, dans la rubrique *"Accroître le rayonnement de la BnF"*, l'action d'*"organiser et développer l'action internationale "*. La dimension internationale fait désormais partie intégrante de l'action culturelle et scientifique de la

BnF. Cette ambition s'est également traduite sur le plan organisationnel.

II. Une nouvelle organisation et la révolution numérique

En 1998 est adopté l'organigramme actuel de la Bibliothèque, qui institue une Délégation aux Relations Internationales (DRI), placée auprès de la Présidence et de la Direction Générale, et chargée, en relation étroite avec les directions de la BnF, d'élaborer, coordonner et impulser la politique internationale de l'établissement. Elle développe son action en liaison étroite avec sa tutelle : la direction du livre et de la lecture (DLL) et la délégation au développement et à l'action internationale (DDAI) du ministère de la Culture, ainsi qu'avec la division de l'écrit et des médiathèques de la DGCID du Quai d'Orsay. Enfin, la révolution numérique des années 1990 bouleverse les modes d'accès aux collections, en effaçant les notions de distance, et modifie considérablement le contexte, les modalités et les contenus de la coopération internationale entre bibliothèques. Ainsi, en octobre 1996, la BnF ouvre son site en ligne ; pour la première fois, le catalogue est consultable à distance. Il compte aujourd'hui plus de 9 millions de notices. La bibliothèque numérique *Gallica*, ouverte il y a plus de dix ans, offre aujourd'hui 200.000 volumes en ligne, dont 100.000 fascicules de presse. Fin 2008, la nouvelle version *Gallica 2*, plus moderne et fonctionnelle, offrant notamment l'accès en mode texte, aura totalement remplacé la version initiale. D'ici à 2010, ce sont près de 350.000 documents supplémentaires (hors presse) qui viendront l'enrichir, faisant de *Gallica* l'une des plus vastes bibliothèques en ligne. On l'aura compris, l'accès de publics diversifiés aux collections et aux services, via les nouvelles technologies de l'information, constitue désormais un axe majeur pour les institutions documentaires du monde entier. Cette composante structure donc largement l'action internationale de la BnF, à part égale avec les chantiers scientifiques et professionnels. Les orientations définies par le ministère de la Culture et de la communication et le ministère des Affaires étrangères (priorité aux pays francophones et méditerranéens, à l'Europe ainsi qu'aux pays émergents) constituent le cadre de ces actions.

Les domaines dans lesquels elles s'inscrivent sont très variés : constitution des collections avec des échanges de publications, programmes de recherche et travail en réseau avec les grandes bibliothèques nationales et bibliothèques de recherche, expertise, assistance technique et formation au service des bibliothèques nationales des pays émergents, partenariat avec diverses institutions pour l'organisation d'expositions ou de manifestations culturelles. Ses partenaires se diversifient, bibliothèques en priorité, mais aussi institutions à vocation patrimoniale comme les archives et les musées, centres de recherche, instituts universitaires, entreprises privées.

III. Les principaux axes de la politique internationale

Les actions internationales de la BnF s'organisent ainsi autour de quatre axes principaux : l'enrichissement et la valorisation des collections, les partenariats et échanges avec des institutions étrangères, la participation aux instances internationales et réseaux professionnels, l'accueil de professionnels étrangers. Au service d'un lectorat largement internationalisé, les collections font une large place à des documents étrangers. Les manifestations et expositions tournées vers l'étranger contribuent au rayonnement des collections de la BnF. Quant aux lecteurs, ils viennent du monde entier : 25,1 % des chercheurs accrédités sont d'origine étrangère. Les pays les plus représentés sont l'Italie (3,9 %) et les États-Unis (3,4 %), suivis de l'Allemagne (1,7 %), le Royaume-Uni (1,5 %) et le Japon (1,5 %). Les collections continuent à s'enrichir avec des documents de toutes provenances : en 2007, près des 3/4 des acquisitions de monographies (environ 51.000 volumes) et 4/5 de nos abonnements de périodiques (7.300) concernent des imprimés étrangers. Et comme toutes les grandes bibliothèques, la BnF participe au réseau national et international d'échanges de publications. Le nombre de partenaires est le même depuis plusieurs années : environ 370, dont 90 bibliothèques nationales. Le volume des entrées de monographies a poursuivi sa baisse : 3.446 en 2006 contre 4.158 en 2005. La réforme du dépôt légal, intervenue en 2006, en réduisant le nombre d'exemplaires déposés, a considérablement modifié la pratique des échanges, en supprimant les exemplaires excédentaires jusqu'alors utilisés. Le système est désormais fondé presque exclusivement sur des acquisitions (à l'exception des publications de la BnF), le dépôt légal étant désormais redistribué uniquement sur le territoire national. Le nombre de partenaires a diminué ainsi que le volume global des expéditions : les envois de monographies ont diminué de plus de moitié (5.440 en 2006, contre 12.410 en 2005). Les échanges de publications officielles résultent de huit accords intergouvernementaux (États-Unis, Grande-Bretagne, Allemagne, Belgique, Canada, Québec, Japon, Israël) et sont surtout actifs avec les États-Unis, l'Allemagne, le Canada et le Japon. Le nombre de publications officielles échangées est en baisse : 11.902 publications envoyées et 8.360 reçues en 2006. A noter que, comme pour les autres grandes bibliothèques étrangères, l'échange de documents matériels n'est plus la principale composante des échanges, qui se sont beaucoup dématérialisés.

IV. Les manifestations en France et à l'étranger

La diversité culturelle s'affirme également à travers une riche programmation de manifestations (colloques et conférences) qui accorde une place aux dialogues littéraires, scientifiques et intellectuels. Ainsi, peut-on citer, en 2006, une conférence donnée par les auteurs australiens invités à la Foire du Livre de Montpellier ou le colloque consacré à Roald Dahl et, en 2007, le cycle consacré aux complots, secrets, rumeurs avec trois conférences sur *Qui a peur de la CIA ?*, ou encore *Complot au sérail (l'Empire ottoman face à ses démons intérieurs)* et *Complots de Chine* ; le cycle *Grands thèmes et grandes figures littéraires*, qui a traité notamment de Truman Capote et de la littérature indienne ; le colloque international *James Bond Histoire culturelle et enjeux esthétiques d'une saga populaire*. De même, le cycle *Les grandes conférences*, organisé grâce au soutien de l'Institut de France et de la Fondation del Duca, a notamment accueilli Alberto Mangel. La BnF assure également, depuis longtemps, comme élément majeur de son rayonnement, des prêts d'œuvres pour des expositions montées à l'étranger. À titre d'exemple, sont ainsi prévus, pour la saison 2007-2008 des prêts pour les expositions *Sarah Bernhardt : the art of high drama* au Jewish Historical Museum d'Amsterdam, *Von Siebold and Hokusai and his tradition* à Tokyo, Hagi et Nagoya, *Illustration érotique dans la littérature française* à la Bibliothèque nationale de Budapest, *Rome et les Barbares* au Palazzo Grassi de Venise, ou *Chefs-d'oeuvre des musées de Paris : Paris, ses paysages et ses personnages dans l'art moderne français entre 1830 et 1930* au Metropolitan Art Museum de Tokyo. Au total, près de 40 % des dossiers de prêts d'œuvres concernent des expositions à l'étranger. Au-delà des prêts, la présence de la Bibliothèque sur la scène culturelle internationale se manifeste de plus en plus sous forme de partenariats pour l'organisation d'expositions "hors les murs" et au-delà des frontières. Peuvent être cités à cet égard, les partenariats avec la Fundació Caixa Catalunya de Barcelone autour des expositions *Les dessins de la Renaissance*, en 2003, *Rembrandt, graveur*, en 2005 et, à venir, *Estampes japonaises*, prévue en 2008, avec le Musée Martin Gropius-Bau de Berlin pour la présentation d'expositions de photographies comme *Capa, connu et inconnu*, en 2005 et *Atget* en 2007, ou encore avec l'Espace Chanel à Tokyo, également pour des expositions de photographies conçues par la BnF, comme les *Expositions* *universelles à Paris au XIXe siècle*, présentée en 2005 ou des oeuvres de photographes de presse *Pour une photographie engagée*, en 2006.

V. Partenariats et échanges avec les pays francophones et méditerranéens

Les actions de la BnF se situent étroitement dans le cadre des priorités de la politique extérieure française : les pays francophones et méditerranéens, l'Europe ainsi que les pays émergents. La solidarité avec les pays francophones du Sud, tradition de l'établissement, s'est renouvelée ces dernières années avec le soutien à des projets importants de construction et de rénovation. C'est le cas pour la Bibliothèque nationale du Royaume du Maroc avec qui l'établissement est lié, depuis fin 2004, par une convention cadre déclinée chaque année par des avenants spécifiques, ainsi que pour la Bibliothèque nationale de Tunisie, avec laquelle une convention du même type a été signée en décembre 2006. Le projet de renaissance de la Bibliothèque nationale du Liban s'est, hélas, interrompu à l'été 2006. En octobre 2006, une convention de coopération a été signée avec la Bibliotheca Alexandrina, prévoyant des échanges documentaires, professionnels et culturels, des audits et expertises ainsi que des programmes communs de recherche autour du numérique. D'autres projets de modernisation, de professionnalisation sont également accompagnés, comme avec la Bibliothèque nationale d'Alger ou des bibliothèques d'Afrique subsaharienne. Le soutien, l'accompagnement revêtent des formes variées répondant aux besoins de nos partenaires : expertises, formations sur place ou hors des murs, suivi à distance. En Amérique du Nord la BnF entretient des relations privilégiées avec Bibliothèque et Archives nationales du Québec. Fondée pendant longtemps sur l'*Inventaire bibliographique des relations France-Québec*, cette coopération s'est récemment enrichie : ce corpus bibliographique aura désormais une dimension numérique, avec la mise en place progressive de liens entre les notices bibliographiques et les documents numérisés. Par ailleurs, le champ des actions communes aux deux établissements s'est élargi à d'autres volets, comme les services à distance, et des manifestations communes dans le cadre du 400e anniversaire de la présence française en Amérique à l'été 2008.

Sur le plan multilatéral, la BnF est à l'initiative de la création, fin février 2006, d'un *Réseau francophone des bibliothèques nationales numériques*, regroupant les bibliothèques nationales de six États (Belgique, Canada, France, Luxembourg, Québec, Suisse), rejointes en avril 2006 par la Bibliotheca Alexandrina. En septembre 2006, la déclaration finale du Sommet Francophone de Bucarest a salué cette initiative et a encouragé son extension à des bibliothèques nationales (ou assimilées) des pays du Sud[1].

VI. La priorité européenne

La coopération européenne est également un axe majeur de la politique internationale de la BnF. Elle s'exerce essentiellement sur le plan multilatéral, dans le cadre de chantiers conduits avec un ensemble de partenaires et à travers des projets ciblés. La BnF est membre fondateur de la CENL, qui réunit les BN de quarante-cinq pays européens. Elle siège notamment au sein du groupe de travail qui réfléchit à une stratégie commune sur les contenus à numériser. La BnF siège aussi au comité commun entre la CENL et la Fédération des éditeurs européens, qui travaille sur le dépôt des documents électroniques. Dès 1988, la BnF a

---

[1] "Conscients du potentiel que représentent les collections des bibliothèques pour la présence de la langue française sur Internet, convaincus de l'importance de cette contribution pour l'accès de tous à un patrimoine partagé, nous nous félicitons de l'initiative fondant le Réseau francophone des bibliothèques nationales numériques. Nous apportons notre appui aux efforts visant à développer ce réseau en rapprochant les bibliothèques fondatrices de celles d'autres pays."

participé à des projets européens, notamment CDBIB (étude de l'utilisation du cd-rom comme moyen de diffusion des données bibliographiques), BIBLINK (traitement bibliographique des documents électroniques) ou NEDLIB (installation, accès et conservation à long terme des documents électroniques). Dans le cadre de la CENL, la Bibliothèque nationale de France est très impliquée, avec l'ensemble des bibliothèques nationales européennes, dans le projet de Bibliothèque numérique européenne (BNuE), qui permettra d'accéder, via Internet, à plusieurs millions de livres numérisés, anciens et récents, représentatifs du patrimoine historique et culturel de l'Europe. En effet en pointe sur ce dossier, la BnF est membre fondateur de *The European Library (TEL)*, service développé depuis 2001 par la CENL avec l'appui de la Commission européenne. Ouvert en 2005, TEL offre actuellement, dans 20 langues, un accès unique aux collections de 34 bibliothèques nationales, sous forme de notices descriptives et de documents numérisés (livres, affiches, enregistrements sonores, vidéos, etc.) représentant 150 millions de ressources, avec l'objectif d'intégrer, d'ici 2009, les collections des 47 bibliothèques nationales européennes. La BnF contribue à TEL en mettant à disposition son catalogue ainsi que sa bibliothèque numérique *Gallica*. Elle est membre, depuis 2006, de son comité exécutif. Parallèlement, suite à l'annonce, fin 2004, du projet de Google de numériser et mettre en ligne plusieurs millions de livres issus de bibliothèques américaines et anglaises, l'appel (*Quand Google défie l'Europe*) lancé début 2005 par le président de la BnF, Jean-Noël Jeanneney, a largement contribué à la prise de conscience par l'opinion publique française et européenne de l'enjeu politique majeur que représente la maîtrise par l'Europe de la mise en ligne de son patrimoine intellectuel et culturel. En avril 2005, le président Chirac et cinq autres chefs d'État et de gouvernement européens (Espagne, Allemagne, Italie, Hongrie, Pologne) ont invité Jean-Claude Juncker, alors président du Conseil européen, et José Manuel Barroso, président de la Commission européenne, à créer une bibliothèque numérique européenne. En septembre 2005, par la voix de Viviane Reding, commissaire pour la société de l'information et les médias, la Commission a lancé son initiative phare i2010-bibliothèques numériques visant à rendre plus accessible en ligne le patrimoine culturel européen et à élargir l'accès à l'information, en suivant trois axes principaux : la numérisation, l'accessibilité en ligne et la préservation numérique et en combinant les environnements multiculturels et multilingues avec les progrès technologiques et de nouveaux modèles économiques et commerciaux, associant partenaires publics et privés.

VII. Le projet de bibliothèque numérique européenne depuis 2006

La Commission a annoncé, en mars 2006, une intensification de ses efforts "*pour mettre en ligne la "mémoire de l'Europe" via une bibliothèque numérique européenne*" et indiqué que "*cette bibliothèque reposera sur l'infrastructure TEL*". Elle a également fixé pour objectifs la mise en ligne de 2 millions d'objets numériques fin 2008, issus principalement des bibliothèques, et de 6 millions fin 2010, provenant des collections non seulement des bibliothèques, mais aussi des archives, musées et institutions audiovisuelles. Pour sa part, la BnF, qui a reçu en mai 2006 la responsabilité du projet de BNuE au niveau national, a développé, à la demande du gouvernement, un prototype de bibliothèque numérique, en collaboration avec les bibliothèques nationales de Hongrie et du Portugal. Mis en ligne en mars 2007 à l'occasion du Salon du Livre de Paris, Europeana donne accès à 12.000 documents, dont 7.000 de la BnF, 4.000 de Hongrie et 1.000 du Portugal. Ce banc d'essai a permis à la BnF de tester, à une échelle modeste mais pertinente, les modalités de mise en commun de documents provenant d'institutions de différents pays, ainsi que des fonctionnalités innovantes de bibliothèque numérique. Parallèlement, la BnF et le Syndicat National de l'Édition travaillent ensemble à la définition et à l'expérimentation de la mise en ligne conjointe de documents patrimoniaux et de contenus sous droits. Cette réflexion sera prolongée, au niveau international, dans le cadre d'un projet financé par la Commission et associant des bibliothèques, des organismes gestionnaires de droits et des éditeurs européens.

VIII. Les partenariats européens et extra européens

Sur le plan bilatéral, la BnF a établi, depuis plusieurs années, un dialogue privilégié avec la British Library, institution dont les missions et l'importance des collections sont comparables. Elle vient de signer un accord cadre de coopération avec la Bibliothèque nationale d'Espagne. La collaboration active des BN de Hongrie et du Portugal à la réalisation du prototype *Europeana* est également à saluer. Des échanges se sont également développés avec les pays d'Europe centrale et orientale autour du langage d'indexation RAMEAU, choisi, il y a une dizaine d'années, par la Pologne, puis, dans les années 2000, par la Roumanie et la Moldavie, aux fins de traduction et d'adaptation. Des conventions ont été signées à cet effet en mai 2006 avec la BN de Roumanie et en janvier 2007 avec la BU de Varsovie. La coopération avec les États-Unis est avant tout d'ordre scientifique, dans la recherche de solutions aux défis lancés par le nouvel environnement technologique et la parution des documents électroniques sur Internet. Elle est aussi d'ordre culturel avec la New York Public Library ou la Library of Congress. Un site bilingue en partenariat avec la Bibliothèque du Congrès, "*La France en Amérique / France in America*", explore l'histoire de la présence française en Amérique du Nord, depuis les premières décennies du XVIe siècle jusqu'à la fin du XIXe siècle. Sont ainsi mis en ligne à la fois sur *Gallica* et sur le site de la Bibliothèque du Congrès, des corpus complémentaires issus des deux institutions et relatifs à l'histoire commune aux deux pays.

Avec l'Amérique latine, l'Afrique anglophone et l'Asie, les actions de coopération sont cadrées par le jeu des influences historiques et linguistiques traditionnelles et les demandes spontanées portant sur les aspects les plus novateurs de l'établissement (architecture, numérisation). Plusieurs conventions ont été signées dans la période récente, avec la Bibliothèque et les Archives nationales d'Éthiopie en 2005, ou en liaison avec des visites, comme avec la BN du Pérou, en 2006 et avec la BN de Chine en 2007.

IX. La participation aux instances internationales et aux réseaux professionnels

La BnF siège au sein de diverses instances professionnelles, citées au début de cette présentation, où se débattent des questions majeures intéressant les métiers des bibliothèques et de l'information. Dans un monde des bibliothèques dominé par la bibliothéconomie anglo-saxonne (Royaume-Uni, Amérique du Nord, Océanie) et nord européenne (pays nordiques, Pays-Bas, Allemagne notamment), l'influence de la BnF, en termes de métier et de rayonnement linguistique, est un défi constant, pour lequel la réponse appropriée doit être l'exemplarité, en termes de réalisations, ainsi que de transparence sur les choix faits, les résultats obtenus et les enseignements tirés de l'expérience. Au niveau mondial, l'institution à la fois la plus ancienne et à la compétence la plus large est la Fédération internationale des associations de bibliothécaires et des bibliothèques (IFLA), aux travaux de laquelle participent activement les cadres de la BnF. Les congrès annuels de l'IFLA accueillent plusieurs milliers de participants et sont l'occasion de nombreux et fructueux échanges.

La BnF héberge depuis 1992 le programme fondamental *Preservation and Conservation* (PAC) de l'IFLA en mettant à disposition des locaux, des moyens de fonctionnement et du personnel. La convention avec l'IFLA a été renouvelée en septembre 2005 pour une durée de trois ans. La responsable du PAC coordonne ainsi l'activité de 12 centres régionaux répartis à travers le monde : Chine, Japon, Australie, Afrique du Sud, Bénin, Chili, Brésil, Venezuela, Trinidad et Tobago, Russie, France, Etats-Unis. Elle organise des missions d'expertise, ses actions de formation et une activité éditoriale (revue *International Preservation news*). Le PAC et la BnF ont organisé, en 2006, un symposium international "*La conservation en trois dimensions : catastrophes, expositions, numérisation*" et, en 2007, un symposium sur la conservation à long terme des documents numériques. Dans le cadre de la Commission nationale française pour l'UNESCO, elle coopère à plusieurs programmes : "Information pour tous" et "Mémoire du monde", notamment.

X. L'accueil de professionnels étrangers : stages et séjours

L'accueil de professionnels étrangers, pour des actions de formation et d'échanges, est un des éléments essentiels de la politique internationale de l'établissement. Les personnels de la BnF représentent un formidable gisement de connaissances professionnelles et, dans certains domaines, comme la conservation, notre savoir-faire est reconnu internationalement. Transmettre ces connaissances, c'est contribuer au rayonnement de l'établissement et à la diffusion du savoir-faire français. Deux formules principales sont utilisées : les stages collectifs et les séjours "Profession Culture". L'établissement accueille depuis longtemps des collègues étrangers. La tendance récente a consisté à privilégier les accueils dans le cadre de stages collectifs thématiques, complétés par des séjours individuels pour les coopérations prioritaires (Maroc, Tunisie par exemple). Depuis 2004, les stages collectifs ont porté sur la conduite d'un projet de conservation, les ressources électroniques en bibliothèque (stage annuel organisé avec la BPI), les fonctions bibliographiques d'une bibliothèque nationale, les services aux publics dans les bibliothèques patrimoniales. Par ailleurs, la BnF participe activement, depuis 2004, à "Profession Culture" programme mis en place par le ministère de la Culture et de la Communication, destiné aux professionnels étrangers (bibliothécaires, chercheurs) travaillant dans des institutions culturelles. Les accueils, de trois à six mois, sont bâtis autour de thèmes étroitement liés aux collections et services de l'établissement. Tout au long de leur séjour, les pensionnaires sont suivis par un tuteur désigné spécialement à cet effet. Neuf pensionnaires ont ainsi été accueillis en 2004, neuf en 2005, huit en 2006 et huit en 2007. Huit sont également prévus en 2008. Ils sont logés dans la résidence des Récollets avec laquelle la BnF a passé une convention de réservation de logements à cet effet.

Cette intense activité internationale correspond à la volonté de la BnF de remplir pleinement son rôle au sein de la communauté professionnelle et de contribuer en même temps au rayonnement de la culture et de la langue françaises, tout en militant en faveur de la diversité culturelle. Compte tenu de son histoire, de sa taille et de sa visibilité, ainsi que de son avance dans le domaine du numérique, la BnF est à même d'exercer une influence déterminante au sein d'une communauté professionnelle bousculée par l'apparition de l'Internet et les nouveaux modes de recherche de l'information. Dans un monde des bibliothèques dominé par la bibliothéconomie anglo-saxonne et nord européenne, la BnF exerce d'autant mieux cette influence qu'elle joue résolument la carte de l'exemplarité et de la transparence vis-à-vis de ses partenaires européens et francophones dans les deux chantiers parallèles et complémentaires où la BnF est fortement attendue : la BNuE et la future bibliothèque numérique francophone.

Le savoir dans la mondialisation : Sciences Po dans la mondialisation des institutions d'enseignement supérieur

Francis Vérillaud

Le propos est de questionner « l'action culturelle extérieure française et francophone dans la période 1980 à 2008 ». Il eut été assez malaisé au début des années 80 de tenter d'aborder cette question sous l'angle des défis de la mondialisation. En effet, ces derniers, bien que déjà très présents, étaient peu perceptibles, notamment pour tous ceux qui avaient en charge la responsabilité de la politique culturelle extérieure française. En matière d'enseignement supérieur et de recherche, le « système français » vivait encore de beaux jours et se développait dans un contexte peu concurrentiel. La politique de coopération universitaire française se déployait dans les pays en voie de développement et plus particulièrement dans les pays qui relevaient de la francophonie et dont les liens historiques avec la France demeuraient importants.

Il faut attendre les années 90 pour percevoir les grands bouleversements qui vont affecter de façon rapide le champ scientifique et plus largement les domaines de la formation supérieure et de la recherche. Le déploiement du numérique et de l'Internet, la transformation des relations entre nature et politique, mais aussi la financiarisation de l'économie mondiale, autant de « révolutions » qui vont transformer profondément nos rapports au savoir.

Afin de mieux saisir l'originalité de la situation de Sciences Po dans la mondialisation il paraît important de constater que le savoir, aujourd'hui, s'avère plus que jamais placé au cœur de la mondialisation actuelle. La compétition en matière d'enseignement supérieur et de recherche affecte en effet de multiples façons le statut de puissance d'un pays. D'une part, elle concerne l'influence culturelle qu'il entend exercer ; d'autre part, elle autorise sur le plan politique et scientifique le drainage des cerveaux; enfin, elle permet des gains économiques substantiels grâce aux droits d'inscription. Dès lors sa maîtrise est un enjeu majeur dans la compétition internationale que se livrent les pays développés et émergents.

Or, il faut souligner que les deux faces du savoir, la recherche et la formation, sont concernées par cette révolution. Ce qui fragilise la situation française compte tenu de la relative séparation entre recherche et enseignement. Enfin, il faut souligner que la compétition ne porte pas seulement sur les compétences scientifiques et technologiques mais aussi, de plus en plus, sur les compétences managériales.

Sciences Po occupe une place tout à fait particulière dans le cadre de l'enseignement supérieur et de la recherche en France. Université de plein exercice, Sciences Po est facilement assimilée à une « grande école ». Son statut qui regroupe sous le terme Sciences Po, l'Institut d'Études Politiques de Paris et la Fondation Nationale des Sciences Politiques, lui donne à la fois une véritable mission de service public et une formidable autonomie. De ce point de vue, il est difficile de tirer des leçons des évolutions récentes de l'institution et encore plus de vouloir en faire un soi-disant modèle pour les universités traditionnelles françaises.

Il n'empêche que Sciences Po, comme l'ensemble des établissements d'enseignement supérieur et de recherche, est confrontée aux défis de la mondialisation et a dû s'adapter et trouver des formes appropriées de réponses à ces défis.

Il s'agit donc de mettre en relief et d'expliciter au mieux ce que sont les formes de la mondialisation en matière d'enseignement supérieur et de recherche, puis de présenter la stratégie et les politiques élaborées par Sciences Po pour répondre aux défis de la mondialisation.

I. Les formes de mobilité du savoir

La forme la plus répandue et la plus visible de la mondialisation de l'enseignement supérieur est celle de la mobilité étudiante. Le premier aspect de celle-ci est celui de l'échange international.

Le développement récent des échanges internationaux d'étudiants constitue l'une des images les plus significatives de la mobilité internationale. L'Europe a certainement innové en lançant en 1987 le fameux programme Erasmus qui permet aux jeunes européens de construire des parcours de formation dans plusieurs universités européennes. Il faut rappeler que ce programme, certes très connu, reste marginal. En 2006 il ne concernait par exemple que 0,72 % de la population estudiantine européenne. Il existe aux États-Unis une mobilité de même nature sous le nom de Study Abroad Program. Mais au total ces programmes constituent un « luxe pédagogique » réservé aux pays riches… Il est même devenu un élément de discrimination, voire de concurrence entre les établissements. Certains pouvant offrir à leurs étudiants une « carte d'excellence » de séjours d'études à l'étranger.

Mais l'aspect de loin le plus important de la mobilité internationale des étudiants correspond en fait au « Marché » des étudiants qui quittent leur pays d'origine pour chercher une offre de formation diplômante à l'étranger. C'est cela la « vraie » mobilité internationale étudiante. On assiste ainsi à de véritables parcours de formation internationaux. Certains étudiants accomplissant leurs études « undergraduate » (Niveau L des études universitaires) dans un premier pays puis poursuivant dans un autre des études « postgraduate » (Master et thèses). En 2006, ils étaient près de 3 millions d'étudiants internationaux dans ce cas. (UNESCO-OCDE). Il convient ici de préciser un peu les données. Ces 3 millions d'étudiants représentent moins de 2 % des étudiants du monde entier (132 millions). 70 % de ces étudiants sont accueillis dans 4 pays : États-Unis – Royaume-Uni – France et Allemagne. La ½ d'entre eux proviennent d'Asie, (343 000 de Chine – 150 000 d'Inde…). Certains pays (des plus pauvres – Afrique) envoient parfois plus de 10 % de leurs étudiants à l'étranger.

Devant cette migration estudiantine, on observe aujourd'hui une multiplication des formes de mondialisation de l'enseignement supérieur. Ainsi, la mobilité internationale des enseignants et des chercheurs s'est accrue de façon extrêmement dynamique pendant ces dernières vingt années.

Plus complexes apparaissent les nouvelles formes de « mobilité internationale des biens éducatifs » au niveau de l'enseignement supérieur. Par exemple, la mobilité des formations entre pays. Cette catégorie de mobilité, souvent appelée « off shore » consiste, dans sa forme achevée, pour une université à installer une filiale dans un pays étranger. De nombreux exemples récents viennent illustrer cette modalité. Ainsi l'Université Paris IV, Sorbonne Nouvelle crée la « Sorbonne Abu Dabi » en 2006. Georgetown University et Cornell University installent des annexes sur le campus de « Education City » au Qatar. L'INSEAD crée un campus asiatique à Singapour. La France crée en 2006 l'Université francophone du Caire avec un consortium d'écoles et d'universités françaises sur le modèle de l'Université francophone de Galatasaray à Istanbul… Ces antennes offrent les enseignements, les programmes et les diplômes de la « maison mère » dans le pays d'accueil. Plus sophistiqué encore est le développement du « franchising » éducatif, largement pratiqué par les universités britanniques en Turquie par exemple. L'université d'origine transfère un cursus complet et donc un diplôme à une université étrangère en appliquant un contrôle qualité et en assurant une supervision du processus éducatif moyennant une rétribution sur les diplômes délivrés. « L'off shore » trouve également des développements dans la création des alliances et des partenariats internationaux entre universités étrangères pour la création de programmes de formation ou de recherche dans un pays donné. Ces formes de coopération internationale sont de plus en plus développées. Elles peuvent aboutir à la création de filières de formation d'une université dans un pays étranger. La France a ainsi, avec le soutien du Ministère des Affaires étrangères, développé plusieurs centaines de filières francophones à l'étranger. Enfin, le rapide développement des NTIC a permis l'exportation de biens éducatifs à l'étranger sous la forme par exemple de cours en ligne et de divers produits de formation en format électronique[1] ».

La conséquence de la mobilité internationale sur tous ses aspects c'est le développement de la compétition dans l'enseignement supérieur et la recherche.

Cette concurrence trouve son expression la plus claire dans la lecture des classements internationaux des universités. Ainsi des deux classements les plus connus, celui dit de Shanghai, établi en 2003 par l'université Jiao Tong, publie la liste des 500 premières universités dans le monde, alors que celui du Time Higher Education Supplement recense les 200 meilleures universités mondiales.

Désormais, la compétition se joue non pas entre les systèmes d'enseignement supérieur mais entre les institutions universitaires elles-mêmes. On observe donc aujourd'hui,

---

[1] Francis Vérillaud, «La mondialisation de l'enseignement supérieur et de la Recherche », *Questions internationales*, n°27, octobre-novembre 2007.

sous les effets de la mondialisation, un accroissement rapide de la concurrence entre les systèmes universitaires d'une part et les universités d'autre part. Ainsi qu'une différenciation entre les systèmes universitaires et les universités. Le passage d'un ensemble constitué de systèmes d'enseignement supérieur nationaux fortement séparés les uns des autres (cloisonnés et donc protégés par la puissance publique) à un nouvel ensemble plus complexe où les entités universitaires sont à la fois soumises au champ national et à ses réglementations et à la force d'attraction du système international. Bien sûr il y a encore beaucoup de viscosité dans le système international et les obstacles à la mobilité et à la marchandisation sont nombreux et puissants, qu'il s'agisse des obstacles volontaires liés aux réglementations, aux procédures de reconnaissance des diplômes, aux statuts nationaux des enseignants, mais aussi aux obstacles linguistiques, culturels, financiers.

II. Sciences Po dans la mondialisation de l'enseignement supérieur

Tout d'abord, il faut constater que Sciences Po a su établir un diagnostic précoce des enjeux de la mondialisation sur l'enseignement supérieur en France et dans le monde. Plusieurs éléments expliquent cette précocité.

Le premier élément est celui de la coïncidence du diagnostic « international » avec la nomination de Richard Descoings à la tête de Sciences Po en 1996. Ce dernier est proposé par les Conseils de Sciences Po comme directeur de l'Institut d'Études Politique de Paris et comme Administrateur de la Fondation Nationale des Sciences Politiques en mai 1996 sur la base d'un programme d'ouverture internationale.

Dès octobre 1996 Richard Descoings fait voter par les Conseils une mesure qui constitue l'élément fondateur de l'internationalisation de Sciences Po, la diplômation de Sciences Po à bac + 5. Ce choix porte les principales conséquences sur le positionnement international de Sciences Po.

Quelles sont les raisons qui justifièrent ce choix ? En lien avec les missions de Sciences Po, mais aussi dans le cadre d'une tradition qui remonte à la création de l'École Libre des Sciences Politiques en 1871, il s'agit tout simplement d'adapter la formation des « élites » aux nouvelles conditions du monde. Cette adaptation correspond à la volonté d'assumer trois transformations cruciales pour la qualité de la formation. Intégrer l'Europe dans toutes les dimensions de la formation, qu'elle soit destinée au secteur public tout comme au secteur privé. Ensuite, prendre la mesure de l'importance de la diversité culturelle, linguistique et sociale du recrutement étudiant pour assurer la qualité des enseignements, notamment quand ils sont pour la plupart fondés sur les sciences sociales. Enfin, donner une place de choix à la responsabilité collective ou sociale dans la formation individuelle des futurs responsables privés ou publics.

Des choix de politique pédagogique, innovants et « révolutionnaires », ont découlé de cette analyse. Ainsi, la présence des étudiants internationaux a atteint plus de 40 % de l'effectif total étudiant. Le développement systématique d'une année d'échange obligatoire à l'étranger a été réalisé. Pourquoi Sciences Po, dès juin 96, a-t-il lancé cette démarche globale ? Il ne fait aucun doute que l'autonomie de Sciences Po, notamment ses statuts, lui confère une capacité d'initiative et une possibilité de mobilisation de ses moyens sur une stratégie institutionnelle, probablement hors de portée à l'époque, des établissements universitaires traditionnels. Par ailleurs, l'identité de Sciences Po inscrite dans son passé et la vision de ses fondateurs s'ancre dans une tradition de changement et dans le fait d'être au cœur de la société, de percevoir et de comprendre les lignes de fractures, les révolutions souterraines et plus généralement d'anticiper les grandes transformations sociétales. Enfin, il y fallait la rencontre avec un homme capable d'exercer un véritable leadership du changement, la désignation de Richard Descoings obéit à ce défi.

Caractéristiques internationales de Sciences-Po à la fin des années 90

Le premier acte est sans nul doute celui qui consiste à faire le choix prioritaire d'un positionnement international en matière de formation. Ce sera le LMD avant la lettre. Sous l'impulsion du directeur de Sciences Po, les Conseils décident de définir la formation principale de Sciences Po, celle qui aboutit à l'obtention du « diplôme de Sciences Po », comme un Master. Sans hésitation linguistique, Sciences Po adopte un positionnement « postgraduate » débouchant sur le Master (et pas le mastère) et le doctorat. La comparaison se fait avec le modèle dominant des pays anglo-saxons. Ce choix c'est aussi celui qui fixe l'enjeu de la concurrence au monde entier et ne le restreint pas à un horizon européen.

De ce choix découle rapidement une restructuration générale des études à Sciences Po autour d'un schéma : 1er cycle – Masters – Doctorats. Le choix politique est fait en 1996, il est mis en œuvre complètement dès 1999, avant donc la création du LMD en France par le ministère Allègre en 2000.

Le deuxième pilier de la stratégie internationale est celui des politiques géographiques adoptées par Sciences Po. À nouveau la stratégie repose sur des choix éminemment politiques. Géographiquement, on peut mettre en avant trois grands choix, celui de l'Europe comme dimension quasi « domestique » de la formation et de la recherche à Sciences Po, celui des États-Unis conçus comme « le détour américain » pour asseoir le positionnement international des formations, et enfin, celui des pays émergents comme champ de concurrence et de validation de la stratégie choisie.

Il convenait donc de « valider » le positionnement international en obtenant une reconnaissance incontestable des « pairs » que Sciences Po se choisissait. Ce sera la politique des doubles diplômes élaborés avec les meilleures institutions universitaires mondiales. Aujourd'hui, Sciences Po propose plus de 8 doubles diplômes, notamment avec la London School of Economics [LES] et avec l'Université Columbia à New York.

Pour parfaire cette stratégie d'une institution en compétition au niveau mondial, Sciences Po poursuit l'objectif de créer des alliances destinées à construire chaque fois davantage son positionnement international d'excellence. Ce sera le Programme *Alliance* avec Columbia, puis le Programme *Global Public Policy Network* avec Columbia, la LSE et La National University of Singapore.

Le troisième pilier correspond aux moyens et aux ressources mobilisées pour mettre en œuvre une telle politique. À nouveau il s'agit de faire des choix importants. Sciences Po est probablement la seule institution universitaire à rassembler une équipe dédiée à l'international d'une telle importance, si on la rapporte au nombre de ses étudiants. Plus de 33 personnes sont rassemblées dans les centres géographiques de la Direction des Affaires Internationales et des Échanges, dont plusieurs représentent Sciences Po à l'étranger, notamment en Chine, en Inde et aux Etats-Unis. Cette équipe qui émarge sur le budget de Sciences Po est suffisamment compétitive pour trouver plus de la moitié de ses ressources en dehors de Sciences Po, auprès du ministère des Affaires étrangères, du Conseil Régional d'Ile de France, de la Commission Européenne ou du secteur privé.

Mise en œuvre d'une politique internationale du savoir

La mise en œuvre de la stratégie internationale de Sciences Po rencontre des obstacles et doit, bien évidemment, faire face à un jeu de contraintes. Sans vouloir épuiser l'importance de ces contraintes on en soulignera un certain nombre ci-après.

Tout d'abord la question de la langue. Le français constitue un atout avec un véritable pouvoir d'attractivité, mais un atout dangereux si on s'y enferme exclusivement. En effet, les viviers d'étudiants francophones sont limités et ne rassemblent pas les meilleurs étudiants internationaux. Il faut donc savoir en jouer sans s'en contenter. Sciences Po a donc rapidement levé « les tabous » qui pesaient sur la défense de la langue française et décidé de développer une approche européenne mutilingue. L'offre de formation se décline désormais en français bien sûr mais aussi en anglais et dans d'autres langues. Par exemple, le programme de 1er cycle de Sciences Po Paris installé à Poitiers propose des cours en espagnol, portugais, anglais et français. Celui de Menton propose l'arabe, l'anglais et le français. Le MPA (Master of Public Affairs) est entièrement en anglais. Mais après deux ans de formation tous les diplômés maîtrisent le français.

Ensuite, on peut considérer que l'indépendance de Sciences Po par rapport au système d'enseignement supérieur français global peut constituer un obstacle sur le plan des relations internationales. Cela est beaucoup moins vrai depuis que le système français a adopté le LMD et créé des outils partagés de valorisation de l'enseignement supérieur à l'international comme ÉduFrance devenu récemment CampusFrance. Par ailleurs, l'acculturation nécessaire pour permettre le changement se heurte encore à la résistance des élites françaises qui acceptent mal, ou tout au moins de façon indifférente, la présence de 40% d'étudiants étrangers, et ne valorisent pas toujours, autant que cela serait souhaitable, l'année à l'étranger[1].

Enfin, Sciences Po n'a pas encore pris toute la mesure de la spécificité de la concurrence internationale en matière de sciences sociales. Il existe un certain provincialisme des sciences sociales, qui explique assez bien les limites des

---

[1] On connaît les lacunes de l'année Erasmus pour les étudiants issus du système universitaire classique.

performances en matière de classement, par exemple pour le classement sciences sociales du Times Higher Education Supplement.

Dans la voie de cette stratégie d'internationalisation du savoir, Sciences Po a certainement pris de l'avance en France. A l'heure actuelle, cette institution travaille à approfondir sa démarche et à réellement devenir une « World Class University (WCU) » en concentrant les talents (étudiants, enseignants[1]), en ayant des ressources abondantes et un mode de fonctionnement souple et pragmatique. L'internationalisation est le moteur principal de toute transformation vers une WCU. L'attractivité à l'égard des étudiants et des enseignants étrangers est un élément déterminant de l'excellence. Un important flux d'étudiants étrangers est un vecteur d'amélioration des formations en enrichissant le contenu des enseignements à travers la dimension multiculturelle. La capacité à offrir des enseignements et des formations en langues étrangères, notamment en anglais, constitue un puissant facteur d'attractivité. La participation aux formations et à la recherche de professeurs internationaux d'excellence peut contribuer à rehausser le niveau d'un département ou d'une école. De tels résultats sont possibles même sur une base de visites temporaires de professeurs. Enfin, de nombreuses universités qui recherchent le statut de WCU ont développé des partenariats internationaux d'excellence, des alliances, avec les meilleures universités des pays industrialisés. La mise en œuvre de doubles diplômes représente une stratégie gagnante de ce point de vue.

Cette construction passe par une stratégie de reconnaissance nationale de cette ambition et par un travail

---

[1] Une politique d'invitation temporaire, ou de recrutement durable, de professeurs étrangers notoires est assez systématiquement réalisée. Michael Storper est désormais professeur permanent ; Erza Suleiman occupe une chaire pour trois ans, Mark Thatcher également.

accru sur la reconnaissance internationale. Tous les efforts doivent être tendus vers cet objectif unique.

Francis Vérillaud est directeur adjoint de Sciences Po depuis 2002 et exerce les responsabilités de directeur des affaires internationales et des échanges de Sciences Po depuis 1995. Il a été le principal architecte de la stratégie internationale de Sciences Po. Il a développé de façon vigoureuse la mobilité internationale des étudiants de Sciences Po, l'accueil des étudiants étrangers qui représentent désormais un tiers des étudiants de l'institution. Il a créé de nombreux programmes transnationaux, inventant de nouvelles formes de coopération académiques et scientifiques, notamment de nombreux doubles diplômes avec des institutions prestigieuses telles Columbia University ou encore la London School of Economics and Political Science.

Avant de prendre des responsabilités à Sciences Po, Francis Vérillaud a occupé divers postes au Ministère des Affaires étrangères, notamment au Chili, et a enseigné dans divers lycées, à Mexico, en France et à Washington. Il est diplômé de Sciences Po et de l'Université de Nanterre.

III. Réalités de terrain

Image et politique culturelle de la France en Europe centrale depuis les années 1980

Antoine Marès

L'image de la France en Europe centrale est multiple. Il existe une image populaire, immédiate, principalement formée par les clichés et l'information courante. Coexistent à ses côtés toutes sortes de mémoires savantes, qui ne sont pas épargnées par les clichés nationaux, mais qui se nourrissent de connaissances beaucoup plus riches, de contacts et d'expériences diverses (mémoires historiques, politiques, techniques, culturelles, touristiques, etc.). De la même façon, au niveau de l'Europe centrale (il s'agira ici de l'Europe centrale post-communiste), la pluralité est de règle : Polonais, Tchèques, Slovaques, Hongrois, Roumains, Croates, Bulgares... ont des représentations très différenciées de la France : elles n'ont souvent pas grand-chose de commun[1].

Dans cet ouvrage consacré à l'action culturelle extérieure de la France au cours des dernières décennies, il faut tout d'abord poser la question du contenu de la culture diffusée. Jusqu'aux années 1980, ce contenu était assez clair : on

---

[1] Sur la complexité de l'Europe centrale, on renverra aux *Cahiers de Varsovie* (Varsovie, Centre de civilisation française de l'Université de Varsovie, 1991) « L'Europe centrale. Réalité, mythe et enjeu, $18^{\text{ème}}$ - $20^{\text{ème}}$ siècle ».

pouvait décliner – sur un mode classique et au risque d'être trop traditionnel[1] – l'action linguistique, la littérature (et plus largement le livre), le cinéma, le théâtre, les arts plastiques, la musique. Depuis, en plus des doutes sur l'avenir de la francophonie, des « événements », des feux d'artifice, des installations, des spectacles de rue et des vecteurs comme la toile sont arrivés sur la scène. Comme le disait au début de ce XXIe siècle un conseiller culturel en poste en Europe centrale à propos d'un projet sur la culture locale du livre : « Cela ne fait pas assez paillettes ». Cette perte ou plutôt cette dissolution de l'objet culturel implique de revoir le profil des opérateurs, le « faire-savoir » l'emportant sur le « savoir-faire », et la rentabilité ou les retombées immédiates étant désormais prioritaires. Dans de telles conditions, les critères d'évaluation de l'action culturelle paraissent également de plus en plus difficiles à établir[2].

Ces remarques liminaires m'amènent à présenter très schématiquement mon propos en trois points : tout d'abord en rappelant le poids des héritages, deuxièmement en évoquant les réactions à la politique culturelle française, enfin en soulignant les interactions avec l'intérêt français pour la région.

I. Les héritages

Ces héritages sont de deux ordres : d'un côté les expériences historiques, de l'autre les clichés. Ils forment une

---

[1] Rapport d'information n° 2924 déposé à l'Assemblée nationale par Yves Dauge sur les centres culturels français (7 février 2001). Ce rapport parlementaire a été un vrai coup de semonce (salutaire) pour l'action culturelle à l'étranger. Mais il faut souligner qu'à l'époque du rideau de fer, la culture française conservait de sa modernité et de son attrait, malgré l'étrangeté d'un cocktail qui allait de Louis de Funès et Jean Marais à Jean-Paul Sartre et Jacques Derrida.

[2] Ces remarques ne concernent pas les questions linguistiques, plus faciles à quantifier (apprenants, locuteurs), même si le rapport entre usage linguistique et influence est toujours délicat à établir.

sorte de substrat de la perception, et ils sont difficiles à modifier. L'image historique de la France – les Lumières, la Révolution, l'image du général de Gaulle, le rôle traditionnel de la culture dans la civilisation française – est un atout évidemment considérable qui vient contrebalancer son affaiblissement comme grande puissance. Les expériences bilatérales peuvent, elles, être plus ou moins denses, plus ou moins heureuses. Si nous prenons l'exemple polonais, l'idée d'une grande proximité avec la France est ancienne. Sans remonter plus loin qu'au XIXe siècle, la participation polonaise aux guerres napoléoniennes et la création du grand-duché de Varsovie en 1807, la Grande Émigration des années 1830 (le grand poète Mickiewicz et le compositeur Frédéric Chopin installés à Paris) renforcée dans les années 1860, le soutien de la France à la renaissance de la Pologne pendant la Première Guerre mondiale et dans la guerre contre la Russie soviétique en 1920, la constitution d'une armée polonaise en 1939-1940 en France, la fraternité d'armes anti-nazie, tout cela constitue un tissu dense de proximité politique. Elle a été largement rappelée lors de la saison polonaise en France en 2004[1]. Mais s'y est ajoutée une mémoire plus contemporaine : l'enthousiasme français et l'appui au syndicat Solidarité dans les années 1980 ont ravivé la conscience de la présence d'une forte minorité polonaise en France, ce qui fait de la Pologne un cas singulier[2].

---

[1] *Kaléidoscope franco-polonais* (dir. Bronislaw Geremek et Martin Frybes), Paris – Varsovie, Êditions Noir sur Blanc – Institut Adam Mickiewicz, 2004. Sur ces relations voir aussi *Polska – Francja*, Książka i Wiedza, Varsovie, 1983, ouvrage collectif, la revue spécialisée *Studia Gallo-Polonica* (Cracovie) ou encore *Les relations entre la France et la Pologne au XXe siècle* (dir. Bernard Michel, Jozef Łaptoś), Cracovie, Eventus, 2002.
[2] Marcin Frybes, *Merci pour votre Solidarité*, Varsovie, Institut Adam Mickiewicz, 2006.

Entre Tchèques et Français, si nous faisons abstraction d'un passé lointain commun, deux sensibilités collectives et des intérêts nationaux (anti-germaniques) se sont rencontrés à la fin du XIXe siècle : les Tchèques ont une tradition égalitariste issue de leur Réveil national, fondée sur un substrat paysan et bourgeois ainsi que sur une dynamique où l'éducation joue un rôle primordial. La société tchèque confrontée de plus en plus frontalement au nationalisme allemand a alors trouvé dans la France un appui symbolique et même parfois pratique. C'est dans ces conditions que la Première Guerre mondiale a agi comme un extraordinaire catalyseur. Commence un âge d'or mythique dont la première phase est la période 1914-1918, quand Paris devient la capitale de l'exil politique avec la création du Conseil national des Pays tchèques (puis tchécoslovaque). La construction d'une mémoire franco-tchèque de la Première Guerre mondiale a été déterminante. L'entre-deux-guerres a conforté cette fraternité scellée dans le sang. La Seconde Guerre mondiale a tissé aussi une communauté de destin qu'ont soulignée les deux exilés de Londres dans leurs Mémoires, Edvard Beneš et le général de Gaulle. Comme pour les Polonais, la Résistance et l'expérience des camps ont également rapproché Français et Tchécoslovaques[1]. En revanche, les points d'ancrage avec les Slovaques sont plus rares, en dehors de la personnalité du général Milan Rastislav Štefánik et de la fraternité d'armes en 1919 (guerre hungaro-

---

[1] Sur les relations franco-tchèques d'avant la Première Guerre mondiale, voir les travaux de Pavla Horská, *Prague Paris*, Prague, Orbis, 1990, et *Sladká Francie*, Prague, Knižnice Dějin a současnosti, 1996. Et Stéphane Reznikow, *Francophilie et identité tchèque*, Paris, Honoré Champion, 2002. Sur la période postérieure, A. Marès, « Le Palais Bucquoy dans les relations franco-tchécoslovaques », *Le Palais Bucquoy*, Paris, Gründ, 2005, pp. 117-156 et *Les relations franco-tchécoslovaques 1918-1939*, mémoire d'habilitation, Paris, Paris 1 Panthéon-Sorbonne, 2003, 527 pages.

tchécoslovaque) ou en 1944 (participation française au soulèvement national slovaque).

Nous pourrions multiplier les exemples : les Bulgares rappelleront le rôle des congrégations religieuses dans l'enseignement sous l'Empire ottoman (et après) ; les Roumains évoqueront la proximité entre Bucarest et Paris depuis 1848 et les liens entre libéraux[1] ; les ex-Yougoslaves parleront de la route Marmont, qui est restée de la présence napoléonienne dans les Provinces illyriennes[2] ; chez les Hongrois, les souvenirs historiques sont moins univoques, mais ils se réfèreront à la solidarité anti-habsbourgeoise avec la France au XVIIe siècle ou à l'accueil de la révolution de 1848, et plus encore à l'héritage révolutionnaire (Martinovics) et éclairé que représente la France[3]. Généralement, dans le domaine culturel ou intellectuel, Paris a joué pour les Européens du Centre un rôle fondamental comme lieu de création et de légitimation ou comme refuge aux XIXe et XXe siècles[4].

Mais l'histoire correspond aussi à des traumatismes : en septembre 1938, tout Tchèque était convaincu que si son pays était menacé, les Français viendraient à son aide. C'est sur cette toile de fond de confiance absolue qu'est intervenue la

---

[1] Catherine Durandin, *Histoire des Roumains*, Paris, Fayard, 1995, pp. 119-128.

[2] Sur les relations franco-croates, voir les *Annales de l'Institut français de Zagreb*.

[3] Pour cette dimension historique, voir les travaux codirigés par l'historien Béla Kőpeczi (Akadémiai Kiadó – CNRS, 1981-1985) et les *Cahiers franco-hongrois* du CIEH (Paris, Université de Sorbonne Nouvelle). Comment ne pas citer parmi ces héritiers des Lumières françaises Ferenc/François Fejtö, décédé le 2 juin 2008. L'influence de la France en Hongrie, incontestable dès la fin du XIXe siècle, a été essentiellement littéraire et intellectuelle, les autres élites se tournant plutôt vers l'Angleterre et l'Allemagne.

[4] Par exemple André Kaspi-Antoine Marès (dir.), *Le Paris des étrangers depuis un siècle*, Paris, Imprimerie nationale, 1989, ou *Paris 'capitale culturelle' de l'Europe centrale ?* (dir. Maria Delaperrière, Antoine Marès), Paris, Institut d'études slaves, 1997.

rupture majeure des accords de Munich : elle a été d'autant plus cruelle qu'elle n'était ni attendue ni même soupçonnée dans l'opinion. Munich est aux yeux des Tchèques l'emblème de la trahison de l'Occident, et particulièrement de la France[1]. Si les Tchèques ont subi le traumatisme de Munich, les Polonais ont connu celui de septembre 1939, la France ayant déclaré la guerre (forcée par les Britanniques), mais l'armée française restant immobile derrière la ligne Maginot ; puis ce fut pour les Polonais le choc des accords de Yalta[2], qui, de fait, cristallisaient des décisions prises de longue date par les Alliés, dès 1943 ; les Hongrois parlent avec insistance du traité de Trianon de juin 1920 – un *diktat* – et des responsabilités de Georges Clemenceau dans ces décisions[3]. Dans les trois cas, l'Occident – et plus particulièrement la France – est directement impliqué. Pour d'autres comme les Bulgares, l'histoire des conflits religieux anciens ne s'efface qu'au XIXe siècle, quand la France devient un des modèles incontestables des élites du nouvel État recréé en 1878, mais le mouvement est en partie contrarié par une participation antagoniste aux deux confits mondiaux[4]. Ceci signifie que dans les mémoires centre- et est-européennes, la France est comme la langue d'Ésope, positive, attirante, mais aussi objet de répulsion et de ressentiment, car associée au malheur de cet *entre-deux-meules* qu'est la région.

---

[1] Le concept continue depuis de faire florès. L'ouvrage le plus pertinent sur le mythe de Munich : *Mythos München* (éd. Fritz Taubert), Munich, R. Oldenbourg, 2002.

[2] Voir *Yalta, un mito che resiste* (dir. Paola Brundu Olla), Rome, Edizioni dell'Ateneo, 1988.

[3] Ignác Romsics, *A Trianoni békeszerzödés*, Budapest, Osiris, 2001 (traduit en slovaque, Kalligram, 2006). La Hongrie historique et ethnique est alors démembrée.

[4] Nikola T. Kolev et Bernard Lory dans *Actes du cinquantenaire de la chaire de bulgare à 'INALCO (1933-1983)*, Paris, Inalco, 1986, pp. 53-72 et 265-270. Sur les relations de l'entre-deux-guerres, *Studia balcanica*, n° 7, 1973, et n° 9, 1975, Sofia, Académie bulgare des sciences.

Le deuxième niveau est celui du cliché, du stéréotype, qui n'est pas le fruit d'une expérience personnelle mais d'une transmission, qui a une durée de vie longue et résiste longtemps aux réalités dans une société donnée : la France pays de la bonne chère, pays du raffinement et du luxe, pays de culture, pays touristique (voir le mythe de la capitale française)[1]. Le voyage à Paris est un passage obligé pour les artistes, au moins jusqu'à la Deuxième Guerre mondiale[2]. Le Français se distingue par son art de vivre et son bagout, tout comme par son arrogance et son manque de fiabilité. Ici encore, les clichés sont bivalents : ils peuvent constituer un modèle d'art de vivre exportable (le Beaujolais nouveau, qui, parti du Japon, s'est implanté en Europe centrale, ou le duo mode – parfum, qui se traduit par l'apparition d'enseignes dans les avenues les plus prestigieuses des capitales) ou susciter la méfiance. Ces héritages sont maniés consciemment ou inconsciemment par les partenaires. Donnons en un seul exemple : au début des années 1990, il est incontestable que les craintes éveillées par l'Allemagne réunifiée ont joué un rôle dans le rapprochement avec la France, puisque les solidarités tissées avec les Polonais, les Tchèques, et avec certaines élites francophiles ailleurs (en Roumanie, en Bulgarie), avaient été historiquement fondées sur la crainte de cette même Allemagne (de ce point de vue le voyage de François Mitterrand en Tchécoslovaquie avait été très significatif, tout comme les dialogues entre la France et les démocraties populaires depuis les années 1950 dans le cadre de la détente). Or, la construction et les relances européennes

---

[1] Michal Warchala, « L'image réciproque… », dans *La France et la Pologne au-delà des stéréotypes*, Paris, Institut d'études slaves – Centre d'étude de l'Europe médiane, 2004. Pour l'association d'idées des Polonais avec la France, la cuisine arrive en tête avec 67 %, la culture et le patrimoine historique avec 58 % suivis par Paris avec 29 % (p. 42).
[2] Antoine Marès, « Pourquoi des étrangers à Paris ? », *L'École de Paris 1904-1929. La part de l'autre*, Paris, Musée d'Art moderne de la Ville de Paris, 2000, p. 138-147.

reposaient sur une réconciliation sincère entre Paris et Berlin. À partir du milieu des années 1990 pour la Pologne, de la fin de ces années pour la République tchèque, ce facteur anti-allemand ne joue plus. Ces liens historiques ont certainement freiné la compréhension de l'évolution rapide des partenaires : c'était une sorte de matelas de sécurité confortable dont certains acteurs français ont vraisemblablement surestimé le rôle dans la définition de leur politique dans la région.

II. La politique de la France depuis 1989 et ce que cela a induit pour son image

Sous le régime communiste, dans les années 1980, il a bien existé une politique culturelle française dans la région, mais elle a été bridée par les régimes communistes en place, qui ne souhaitaient pas ménager une place trop importante à la culture française. Alors que le tropisme soviétique était plus ou moins puissant selon les pays, Paris privilégiait le dialogue avec les capitales centre-européennes pour conserver les échanges et les quelques institutions qu'elle avait pu sauvegarder ou rétablir[1]. Depuis les années 1930, l'action culturelle était en Europe centrale un *ersatz* de politique et de présence réelle[2]. La permanence d'une politique étatisée et centralisée, le déclin du poids du parti communiste français sur la scène intellectuelle, la faiblesse du mouvement associatif en ce domaine ont alors donné à ces

---

[1] Sur l'utilisation de ce tropisme culturel par les satellites de l'URSS, voir *Culture et politique étrangère des démocraties populaires* (dir. A. Marès), Paris, Institut d'études slaves, 2007. Un des exemples les plus flagrants de la timidité française est donné par la politique menée en Tchécoslovaquie où Paris cherche à sauvegarder les maigres avantages gagnés entre 1966 et 1968 (voir « Une histoire de l'Institut français de Prague », Prague, *Cahiers de la Štěpánská,* 1993, pp. 81-114).

[2] A. Marès, "Puissance et présence culturelle de la France. L'exemple du Service des Œuvres françaises à l'étranger dans les années 30", *Relations internationales,* n° 33, printemps 1983, p. 65-80.

relations officielles une certaine ampleur. Partout, la culture française fait alors figure d'un luxe rare et distingué pour les élites intellectuelles locales, les francophones formant une sorte d'aristocratie[1]. En marge des relations officielles, des associations de sensibilités très diverses ont tissé des liens clandestins étroits avec les dissidences, avec de petits moyens, mais beaucoup d'enthousiasme et d'engagement : par exemple, en Tchécoslovaquie, l'association Jan Hus fondée par Jacques Derrida et Jean-Pierre Vernant ou, en Pologne, les liens forts tissés par certains syndicats français (FO, CFDT, CFTC) avec Solidarność. 1989 est donc le tournant de l'ouverture. Tout devient possible, dans un contexte bivalent et désormais en concurrence ouverte. La bivalence tient à ce que la demande de culture française peut être désormais satisfaite sans entraves, mais aussi à ce qu'elle perd de son charme secret. Elle entre par ailleurs en confrontation avec des cultures rivales : anglophones avant tout, mais aussi germanophones, hispanophones, voire italophones, sans qu'il n'y ait plus aucun frein idéologique dans les choix. Les structures mêmes de la culture française ont également joué dans des sens contradictoires : positives avec la mobilisation de moyens relativement importants pour faire face à la demande ; négatives en raison de la rigidité et de la lourdeur d'une gestion étatique et bureaucratique. Les concurrents, en particulier anglo-saxons, ont pu largement jouer sur les fondations pour répondre très rapidement et souplement à la demande de leurs interlocuteurs.

Faute de pouvoir développer ici ce qu'a été la politique culturelle française dans chacun de ces pays, j'essaierai de noter quelques traits généraux et leurs conséquences.

---

[1] Cette notion d'une « aristocratie francophone » rejoint dans certains pays le modèle des anciennes aristocraties ; dans d'autres, la culture française était plutôt une tradition bourgeoise ou intellectuelle.

Tout d'abord un point de départ très bas (en termes d'enseignement du français – sauf en Roumanie et en Bulgarie – et en termes de pénétration culturelle) faute d'infrastructures suffisantes et d'une appétence forte pour la culture française, en raison aussi de la résistance du pouvoir communiste. Une partie de cette francophonie était liée au rôle des alliés de Moscou dans la coopération avec les pays francophones décolonisés. De manière générale, la France était méconnue et laissait indifférente : on a alors surestimé l'attente des partenaires, même si celle-ci pouvait être très forte, mais dans des milieux restreints. La situation a rapidement évolué : en 2006, près de 10 % des 55 millions d'apprenants du français (hors de France) résident dans les pays d'Europe centrale et orientale (PECO). Le français se maintient dans ses bastions traditionnels (Roumanie et Moldavie) et se développe dans des pays où il était moins implanté (Hongrie, Pologne, République tchèque). En Roumanie, où la tradition du français est partie intégrante du patrimoine culturel, on compte ainsi près de 8 % de francophones et 20 % de francophones partiels (mais l'anglophonie progresse sensiblement). En Pologne, le recul du français est régulier, arrivant en quatrième ou cinquième position, derrière l'italien et l'espagnol. En Bulgarie, où son apprentissage est en baisse, un quart des lycéens apprend tout de même le français. Dans les pays de l'ex-Yougoslavie, le français était peu parlé. Comme en République tchèque, où le souvenir d'une riche francophonie a été détruit par le régime, mais où le nombre de lycéens qui apprennent le français a triplé entre 1990 et 2000. Dans les autres pays, sa place est plus modeste[1].

Dans une deuxième phase, des moyens considérables sont déployés tous azimuts, permettant un formidable

---

[1] *Site de l'OIF,* « La francophonie en Europe centrale et orientale », espace XIe sommet de la francophonie à Bucarest, « 10. Le français dans les pays d'Europe centrale et orientale », 28 septembre 2006.

rattrapage : France-Pologne[1], son équivalent pour la Hongrie[2], l'installation ou le réaménagement immobilier d'Instituts français importants à Prague, Varsovie, Budapest..., la fondation du CEFRES (Centre français de recherche en sciences sociales) à Prague[3], le développement général et l'équipement des Alliances françaises, des montants de bourses considérables pour l'enseignement supérieur, le développement de filières multiples[4], la mise en place dans les services culturels de nouveaux services (bureaux du livre, avec des programmes de soutien aux traductions, attachés scientifiques, attachés de coopération universitaire), le développement des lectorats français dans les universités et les lycées, la création de classes bilingues (400 classes représentant 60 000 apprenants), la reconstruction des lycées français (Varsovie, Prague, Budapest)[5].

---

[1] Créée par le gouvernement français en 1989, cette Fondation a bénéficié d'environ 50 millions d'euros jusqu'à la fin 2001 qui ont permis de soutenir un millier de projets, de former 4 000 étudiants en gestion et économie...

[2] La Fondation Initiatives France-Hongrie créée en 1994. Il faut souligner l'importance de l'activité de certaines personnalités dans le développement des relations entre la France et l'Europe centrale. Par exemple, l'engagement du couple Raymond Barre n'a pas été pour rien pour les bonnes relations entre Paris et Budapest.

[3] Mais aussi de centres à Berlin, Moscou, etc. *Instituts français de recherche à l'étranger. Sciences humaines et sociales*, Paris, Ministère des Affaires étrangères et européennes, novembre 2007.

[4] *Formations supérieures francophones à l'étranger. Répertoire 2006*, Paris, Ministère des Affaires étrangères, DGCID, 2006. *Étudier en français en Europe centrale et orientale. Évaluation des filières universitaires francophones (1990-2000)*, Paris, Ministère des Affaires étrangères, DGCID, 2001. Et *La coopération éducative et linguistique française avec les nouveaux pays membres de l'Union européenne (1995-2005)*, Paris, Ministère des Affaires étrangères, DGCID, 2007.

[5] La Fédération internationale des professeurs de français organise un colloque international annuel, un congrès mondial tous les trois ans. Sa revue *Le français dans le monde* (www.fipf.org ; www.francparler.org) est une mine d'informations sur la région.

Puis, dans une troisième phase, on assiste dans un troisième temps, à partir de 1995, à une baisse des moyens qui amène à faire les premiers arbitrages et à réduire la voilure des vaisseaux culturels, avant que n'interviennent des coupes sombres à partir des années 2000 dans les programmes déjà annoncés et engagés (les fameux « gels » de crédits).

Ce qui frappe dans ce processus, ce sont dans un premier temps les erreurs qui ont été commises dans l'euphorie des retrouvailles. La France a construit de grosses machines, en partie destinées – faute de moyens ultérieurs – à devenir des usines à gaz, avec un personnel parfois pléthorique et peu performant. Dans un second temps, c'est le désengagement, qui, en termes d'image, a été catastrophique. Le soupçon de manque de fiabilité qui plane toujours à l'encontre des Français, a été confirmé. Cette discontinuité a d'ailleurs eu des effets pervers en termes de « dragage » de compétences. Nombre de jeunes étudiants brillants formés par la France se sont tournés dans un deuxième temps vers l'Allemagne, la Grande-Bretagne ou les États-Unis (car la francophonie n'est désormais plus exclusive d'une excellente connaissance d'autres langues occidentales). Il n'y a pas eu de suivi systématique dans le système français, avec des « trous » dans la formation, soit au niveau initial du début de la recherche, soit au niveau post-doctoral.

Plus globalement, à partir des observations et de l'expérience des acteurs eux-mêmes[1], on peut retirer quelques leçons sur l'action culturelle en Europe centrale.

---

[1] Je remercie les conseillers ou attachés culturels (ou linguistiques) qui m'ont fait part de leurs réflexions relatives à leurs séjours en postes (entre autres Yves Beauvois, Olivier Jacquot, Jean-Yves de Longueau, Jean-Yves Potel, Alain Schneider). Bien entendu, ce texte n'engage que son auteur, et correspond aussi aux expériences que j'ai pu avoir entre 1993 et 2001 – comme consultant pour les PECO au ministère de la Recherche, puis comme directeur du CEFRES (Prague) – et aux observations que j'ai

Premièrement, le succès de l'action culturelle dépend moins des structures et des politiques que des hommes qui sont chargés de la mettre en œuvre sur le terrain. De ce point de vue, des lacunes multiples peuvent être clairement identifiées dans le recrutement et dans la formation : les choix ont été souvent erronés, et l'on constate que les responsables du ministère des Affaires étrangères ne choisissent qu'exceptionnellement au sein du vivier des spécialistes des pays de résidence (on peut s'interroger sur le peu d'intérêt à avoir des personnels bien implantés dans le tissu local)[1] ; il ne les professionnalise pas, et la formation, quand elle se fait, est insuffisante[2] ; la rotation des éléments performants est trop rapide et systématique, même si elle paraît saine dans son principe. Yves Dauge a justement dénoncé en 2001 des « réseaux sans mémoire »[3]; les conflits de personnes sont catastrophiques pour l'image de la France, et ils sont relativement fréquents pour des raisons structurelles[4]. Bien entendu, parmi ces personnels se

---

pu faire en raison de mes responsabilités universitaires (présidence de l'Institut d'études slaves de 2002 à 2007).

[1] Au niveau de la diplomatie, il s'agit d'une politique délibérée, qui a ses raisons, notamment la peur d'une proximité trop grande avec le pays de résidence. Par exemple, les rares diplomates tchécophones du Quai d'Orsay susceptibles d'être nommés à Prague ont été systématiquement promus ailleurs. Mais le sous-emploi des spécialistes universitaires dans leurs pays de compétence est moins explicable : pourquoi nommer un linguiste hungarophone à Damas ?

[2] Il suffit de comparer avec le système allemand.

[3] La gestion des personnels est parfois déficiente : le départ de toute une équipe, sans « tuilage », est fréquent, ce qui provoque de fortes discontinuités et une déperdition d'énergie et d'efficacité. Cf. le rapport d'information d'Yves Dauge, *op. cit.*

[4] C'est le cas fréquent des responsabilités bicéphales assumées par les conseillers culturels et les directeurs d'Institut. Les différends entre chefs de poste et conseillers culturels sont encore plus dévastateurs. Dans le cas polonais, les politiques multiples qui ont résulté de la présence de la Fondation France-Pologne concurremment à l'ambassade, ont brouillé aussi les messages.

distinguent de véritables « missionnaires », passionnés, compétents et énergiques, mais – est-ce naïveté de le rappeler ? – ils sont malheureusement beaucoup moins nombreux et moins présents que les carriéristes soucieux d'éviter les faux pas pour se pérenniser dans leurs fonctions (huit ans au maximum, mais avec des exceptions... parfois regrettables). On peut s'interroger également sur la confusion dans une même personne du concepteur et de l'opérateur. On ne peut que souscrire à ce qu'écrivait Xavier North, fort de son expérience aux États-Unis, en 1997 :

> « Et si, comme la guerre, l'action culturelle était d'abord un art d'exécution ? Si tel était le cas, ce ne seraient pas les objectifs qu'il faudrait privilégier, mais les démarches. Ce serait de l'efficacité de l'action menée sur le terrain – de la philosophie qu'elle implique, des qualités qu'elle suppose – qu'émanerait un rayonnement français, comme une aura ou un supplément d'âme »[1].

Deuxièmement, conformément aux (mauvaises) traditions françaises, les politiques culturelles sont définies globalement, au mieux régionalement, sans tenir suffisamment compte des conditions locales. Tant qu'on ne guérira pas de cette maladie qui consiste à vouloir faire plier la réalité à des oukases bureaucratiques, l'efficacité de l'action culturelle ne sera pas ce qu'elle pourrait être. Tous les acteurs savent à quel point la réponse aux attentes du partenaire est gage de réussite, même si une politique culturelle ne peut se contenter de répondre seulement à ces attentes souvent conservatrices et forcément sclérosantes. De plus, l'identification française des partenaires est trop souvent institutionnelle, au détriment des acteurs directs, plus efficaces. Les structures françaises, trop rigides, jouent contre l'action de Paris qui ne sait pas s'adapter à la demande[2]. Il faut notamment distinguer les pays où les relations sont

---

[1] « Portrait d'un diplomate en jardinier », *Le Banquet*, n° 11, 1997/2, revue-Le Banquet.com.

[2] Les exemples de faux pas et de ratages sont particulièrement nombreux dans le cas polonais : ils ne mettent pas seulement en cause les acteurs de terrain, mais surtout les décideurs parisiens.

traditionnelles et ceux où la demande de France est très limitée : les instruments à mettre en œuvre sont forcément différents en Roumanie et en Croatie.

Troisièmement, l'action culturelle doit se faire exclusivement sur la longue durée, qu'il s'agisse des politiques, des moyens et des opérateurs ou acteurs : le « yoyo » des dernières décennies a pu avoir des effets catastrophiques.

L'autre problème majeur a été celui d'un bilatéralisme[1] dont la France n'avait plus les moyens, hésitant à faire des arbitrages dans sa politique extérieure : d'une part, pouvait-on mener à la fois une politique efficace en Afrique, en Méditerranée et en Europe centrale ? D'autre part, ce bilatéralisme exclusif a été mal compris et mal perçu. Qui plus est, Paris a tergiversé dans les questions d'élargissement de l'Union européenne, proposant des dates trop proches (Jacques Chirac) ou trop lointaines (François Mitterrand). Certains choix ont aussi brouillé l'image de la France et créé la confusion : l'initiative de la Confédération européenne proposée par le président Mitterrand a notoirement sous-estimé la volonté de rupture radicale avec l'Est russo-soviétique[2]. Cette image a également buté sur des conceptions divergentes du rapport euro-atlantique[3]. Manifestement, par manque de culture et de connaissances historiques, les dirigeants français ont méconnu ce que pouvaient être les liens des Européens de l'Europe médiane avec l'Amérique du Nord, le tropisme américain relevant de

---

[1] Avec la Mission interministérielle pour l'Europe centrale et orientale, la MiCECO, créée en 1990, puis remplacée de 1993 à 2003 par le Comité de coordination, d'orientation et des projets, COCOP, qui a eu des aspects positifs de rationalisation, négatifs de monopolisation bureaucratique.
[2] Jacques Rupnik, « La France de Mitterrand et les pays de l'Europe du Centre-Est », *Mitterrand et la sortie de la guerre froide* (dir. Samy Cohen), Paris, PUF, 1998, pp. 189-222. Et Hubert Védrine, *Les mondes de François Mitterrand. À l'Élysée 1981-1995*, Paris, Fayard, 1996.
[3] Jacques Rupnik, « Europe. Les malentendus de l'élargissement », Site *En Temps Réel*, cahier 8, avril 2003.

réalités et de représentations à la fois anciennes (les diasporas) et récentes (Radio Free Europe ou le rôle attribué aux États-Unis dans la chute du bloc soviétique). Par ailleurs, la francophonie a joué un rôle ambigu qui n'a pas été forcément bénéfique à Paris. L'« arrogance » française a parfois été remplacée par l'action des Wallons, des Québécois ou des Suisses, soucieux de conserver leur identité et jouant de l'argument d'une égalité de puissance (et de l'absence du soupçon d'« impérialisme culturel »)[1].

Enfin, l'économie est un facteur qu'il ne faut pas négliger dans la constitution de l'image. La France s'est timidement implantée dans un premier temps (sauf au départ en Hongrie)[2] et elle a été handicapée par le tropisme allemand largement partagé dans la région ; puis elle s'est ensuite lancée, malgré quelques échecs retentissants (Škoda au détriment de Renault et au profit de Volkswagen), dans la grande distribution (Auchan, Carrefour, Casino), l'automobile (Renault, Peugeot), l'agro-alimentaire (Danone), la banque (Société générale), le BTP (Bouygues), le transport aérien, les grandes entreprises de gestion de l'eau... Ces développements – par exemple dans la grande distribution (Auchan et Carrefour en Pologne) ou l'automobile (en Slovaquie) – ont parfois eu un impact allant jusqu'à changer l'image traditionnelle de la France auprès du grand public et susciter ponctuellement une appétence pour l'apprentissage du français. En revanche, les industries de pointe françaises ne sont pas perçues comme spécifiques et comme un atout particulier de la France.

---

[1] Il s'agit là d'observations personnelles faites sur le terrain universitaire.

[2] Ce « retard à l'allumage » a été doublement culturel : par faiblesse générale de l'activité commerciale à l'étranger (en particulier au niveau des PME et PMI) et par ignorance de la région, malgré quelques médiateurs efficaces qui en étaient originaires. Voir les bilans de la Documentation française dans sa série d'annuaires *L'Europe centrale et orientale*.

D'une façon générale, l'image globale de la France, telle qu'elle peut apparaître à travers les médias locaux (avec la quotidienneté, la superficialité, le goût pour le sensationnel de médias privatisés dominants), pèse plus pour les perceptions immédiates : le discours de ces médias est d'ailleurs d'autant mieux reçu qu'il vient conforter les clichés. Sans parler des grands événements comme le résultat de la Coupe du monde de football de 1998 qui a joué un rôle important dans certains milieux et dans certains pays pour l'image de la France (notamment en Albanie).

III. Le miroir français

Prisme allemand, vision gallocentrique, coupure de l'Europe en deux ont concouru à ce que la perception de l'Europe centrale – traditionnel angle mort de la vision française – soit faible en France, au moins jusqu'au début des années 1990. Or, les effets négatifs de ces traits structurels ont été renforcés par une série d'incidents qui ont eu de forts échos tout au long des deux dernières décennies : les mauvaises conditions d'un accueil non différencié des étrangers en France ont laissé des traces[1]. Sans parler de l'affirmation du tout anglais dans des milieux décideurs (ou de l'abandon dissimulé de la défense du français[2]), de la marginalisation des études slaves[3], de la suppression des lectorats bilatéraux partout menacés dans le cadre de la réorganisation des Universités françaises, fruit dune gestion quantitative. Les gestes symboliques s'y sont ajoutés : suppression de l'agrégation de polonais, suppression du tchèque au concours des secrétaires d'Orient du Quai

---

[1] Avec les « lois Pasqua » de 1993. Nous pourrions multiplier les exemples d'universitaires d'Europe médiane *maltraités* par l'administration française, ce qui a laissé des traces quand ceux-ci ont accédé à des hauts postes de responsabilité (ambassadeurs, recteurs, ministres).
[2] Voir les recommandations sur les filières (ci-dessus, *op. cit.* note 24).
[3] *Les études slaves en France et en Europe*, Paris, Beseda – Institut d'études slaves, 2001.

d'Orsay... Plus graves encore les ravages causés par les déclarations maladroites de nos dirigeants ou de nos hommes politiques à propos des « tribus » de l'Est, de ceux qui n'ont « qu'à se taire », du « plombier » polonais, etc. Ces petites mesures, ces coups d'épingles, ces mots d'humeur ont indiscutablement amenuisé le capital culturel dont la France disposait. Car l'image de la France est aussi celle de son intérêt et de son respect pour ses partenaires, en Europe centrale tout particulièrement, où l'histoire a enseigné la méfiance.

Est-ce à dire que la partie est perdue ? Du point de vue « de l'appétence française pour l'Europe centrale », il y a bien des raisons d'espérer. L'ouverture consécutive à l'entrée de nouveaux pays dans l'Union européenne (en 2004, puis en 2007) et l'élargissement des frontières de Schengen accélèrent les contacts, provoquent une curiosité plus grande et ont des incidences sur les mentalités, malgré les peurs et les repliements ponctuels. La multiplication des filières francophones en Europe centrale, la mise en place de diplômes binationaux (en particulier des masters), la mobilité accrue des étudiants en Europe[1] sont des facteurs riches de promesses. Il est frappant de voir depuis quelques années l'intégration des universitaires d'Europe médiane dans les programmes de recherche européens. La dynamique de l'élargissement de l'Union a joué un rôle très positif à cet égard : désormais, nombre d'acteurs institutionnels et intellectuels ont compris que l'Europe ne pouvait plus être appréhendée comme la seule Europe occidentale des fondateurs. À noter aussi un paysage éditorial qui s'est sensiblement modifié au cours des vingt dernières années : tant en littérature et en arts qu'en sciences humaines et sociales, le lecteur français dispose d'un choix qui lui permet

---

[1] Facilitée par la mise en place du système licence-master-doctorat, dit 3-5-8, qui aligne les structures de l'enseignement supérieur français sur le modèle en vigueur en Europe.

de prendre sérieusement connaissance de la culture de l'Europe médiane, avant même d'avoir été initié à ses langues. Certains grands éditeurs ont fait un effort particulier en ce sens, et ils ont été épaulés et relayés par de petits éditeurs courageux et entreprenants. Il ne faut pas négliger toute une « histoire discrète » qui montre toutes les potentialités de la connaissance de l'art d'Europe centrale et orientale à travers une « littérature grise », peu diffusée, qui reste souvent au niveau des centres de recherche et des laboratoires, mais qui n'en constitue pas moins un riche gisement à exploiter et à mieux mettre en valeur.

Enfin, il y a l'action des États concernés, dans un monde intellectuel largement libéré des contraintes idéologiques et policières, et même s'il y a eu désengagement des États post-communistes hors du champ culturel : les centres qui représentent ces cultures à Paris ont pris de l'envergure et certains (tchèque, polonais – avec trois lieux majeurs jusqu'en 2008 –, hongrois, roumain…) ont désormais une visibilité importante, surtout quand sont nommés à leur tête des directeurs dynamiques et investis dans leurs tâches. Les Fondations (Fondation France-Pologne, puis France-Pologne pour l'Europe, Initiatives France-Hongrie, Fondation Robert Schuman…), les associations multiples – qu'elles doivent leur existence à des initiatives politiques (Association du Pont-Neuf ou Colisée) ou qu'elles soient purement culturelles –, les jumelages entre municipalités, les liens tissés entre régions (qui ont désormais une politique internationale) ne font que renforcer les courants d'échanges et d'information.

Si nous récapitulons l'évolution de l'ouverture et de la connaissance des Français vers l'Europe médiane, nous constatons des handicaps de départ lourds : ils ont alimenté des relations très déséquilibrées, et longtemps les francophiles de la région ont regretté que leur amour ne soit pas payé en retour. Aujourd'hui, ce déséquilibre est moins grand, parce que la francophilie et la francophonie ne sont plus ce qu'elles étaient avant-guerre en Europe centrale, et parce qu'en perdant sa position dominante, la culture française est de plus en plus encline à s'ouvrir sur des cultures jusqu'à présent négligées, comme en témoignent l'aide à la traduction du Centre national des lettres, l'organisation des *Belles étrangères*, les « saisons » nationales (voire européenne, pour le second semestre 2008) lancées par Jean Digne, alors directeur de l'Association française d'Action artistique. Indiscutablement, l'élargissement de l'Union européenne a joué aussi un rôle d'accélérateur dans ce processus de prise en compte accrue de la diversité : la facilité accrue des déplacements, le tourisme[1], la montée accélérée des échanges (matériels et humains) multiplient les occasions de contacts et de rencontre. Les acteurs des relations culturelles ont également compris l'importance de la réciprocité. Mais se profile une double menace, qui pourrait enrayer ce processus : la baisse drastique des moyens de l'État et la prise en main de la culture par les seuls intérêts financiers et bureaucratiques. Face à cela, il faudra que d'autres forces prennent le relais : les pouvoirs locaux et régionaux, les associations, les ONG et les Fondations, pour autant que ces dernières ne se limiteront pas au caritatif, au social ou au scientifique (sciences du vivant ou sciences exactes) comme c'est encore largement le cas en France.

Pour revenir au point de départ, qui est l'image de la France en Europe centrale, il semble difficile de hiérarchiser la part de chacun des trois grands éléments qui concourent à son élaboration : ils sont étroitement interdépendants et interagissent. Le premier est difficilement modifiable à court et à moyen terme ; les deux suivants exigent un travail

---

[1] *Panorama on tourism*, Luxembourg, Europe Communities, 2008.

d'évaluation de fond qui semble ne pas avoir encore été fait[1]. Il nécessiterait, pour chaque pays, une analyse approfondie du paysage culturel, une étude comparée des actions culturelles concurrentes, une vaste enquête d'opinion sur l'image de la France et sur les attentes. Pour éviter l'endogamie propre à l'action culturelle, de tels travaux devraient être menés bilatéralement, avec des opérateurs locaux nationaux non impliqués dans les rapports bilatéraux.

Ce n'est donc pas en agissant seulement sur l'action culturelle en Europe centrale qu'on améliorera nécessairement la situation, même si des changements s'imposent dans les directions indiquées. Il paraît important désormais de faire passer aussi les contenus par des vecteurs autres que le français : les aides à la traduction sont certainement une des initiatives les plus fructueuses dans la région[2] ; le bilinguisme ou le multilinguisme dans la relation bilatérale est également à promouvoir. Mais faut-il souligner que l'image étant globale, elle tient principalement à ce qu'est la réalité de la France et concerne la sensibilité d'acteurs français multiples, qui doivent être conscients de l'impact de leurs décisions. Cela induit un sens des responsabilités et du bien commun qui dépasse les guerres picrocholines que se livrent parfois entre elles les administrations. Cela pose la question de l'unité d'action vers l'extérieur[3] et de la sensibilité des acteurs intérieurs aux impératifs de cette action. Mais il s'agit là de considérations globales qui dépassent largement le sujet. Notons pour finir que les sondages centre européens à notre disposition pour les années 1990 et le début des années 2000 créditaient la France d'une des images les plus positives parmi les nations

---

[1] Malgré les très louables efforts de la DGCID pour évaluer depuis les années 2000 ses entreprises culturelles.
[2] Programme d'aide à la publication Kosztolányi en Hongrie, Boy-Żeleński en Pologne, Šalda en République tchèque, Felix en Slovaquie, Nicolae Iorga en Roumanie, Vitocha en Bulgarie…
[3] Cf. Frédéric Martel, *Libération* des 17-18 mars 2007, p. 43.

européennes[1] : tolérance et ouverture vers les cultures étrangères, pragmatisme corrigé par une dose d'hédonisme, culture politique dépassant le cadre partisan au profit de l'État et de la nation tout entière, tels étaient les caractéristiques alors évoquées. La question demeure de savoir comment la France a géré cet avantage initial dans le cadre européen.

---

[1] *La France et la Pologne au-delà des stéréotypes, op. cit.,* p. 49. *Francie očima českého občana*, Prague, Agence Raysa, août 1993.

Du paradigme culturel au paradigme normal
L'image de la France en Amérique latine depuis 1980

Denis Rolland

L'extension réduite d'un article fait que je serai sommaire, partiel, voire inévitablement partial sur cette question de l'image de la France en Amérique latine. En outre, le terme d'image, il n'est pas inutile de le redire ici, appliqué à un État ou une nation est un terme très incommode, flou. Il permet souvent de convoquer rapidement des grands ancêtres, des idéaux historiques mouvants. Dans nombre de cas. Il sert à masquer de nombreuses incertitudes. Nous accepterons ici néanmoins cette catégorisation incertaine d'image.

Toutefois, comme l'on se propose d'appliquer ici cette notion à plus d'une vingtaine d'États, des Caraïbes et du Rio Grande, c'est-à-dire du Mexique, à la Terre de Feu et donc à l'Argentine et au Chili, il faut alors accepter évidemment une forme de version au carré d'un flou scientifique confinant à de la très haute voltige sans filet. Il y a donc tout à craindre à l'orée de cet article, puisqu'on ajoute un autre très grand flou séculaire, celui des perceptions réciproques entre France et Amérique latine. De France, on voit le sous-continent de manière globale, c'est-à-dire d'une manière hyper réductrice, comme si on étudiait ensemble Scandinavie et Maghreb. À l'inverse, d'Amérique latine, on voit la France à travers un certain nombre de stéréotypes restreints, des stéréotypes qui se reproduisent, qui mutent assez peu de génération en génération et qui héritent, globalement pour l'Amérique latine (comme pour une grande partie du monde) et pour faire court ici, de deux siècles de représentations et de projections : d'une représentation dominante liée en particulier aux Lumières, à la Révolution française et à une culture française extraordinairement rayonnante au XIXe siècle dans le monde occidental. Pour rentrer dans notre chronologie d'histoire immédiate, cet héritage multiforme a été indirectement réactivé dans les opinions latino-américaines par l'impact de la multiplication des gouvernements militaires ; ces derniers, du milieu des années 1960 aux années 1980, par l'expulsion de leurs opposants, ont contribué à relever l'image mythique de la France, l'image de la liberté, de la Révolution française, etc. après un demi-siècle de déclin à peine entamé par la relance francophile des années de la Seconde Guerre mondiale,

    Pour terminer cette introduction, il convient de rappeler aussi qu'il n'est jamais aisé pour un historien de travailler en histoire immédiate : c'est un problème que chacun des participants au colloque et au livre déduit connaît bien. Sans archives, il doit néanmoins percevoir des changements structurels. Il doit aussi faire des choix sans percevoir ceux que le temps qui passe est en train d'opérer. Dans les pages qui suivent, je fais le choix d'une posture critique, dont beaucoup de mes collègues opérateurs efficients de la politique culturelle française en Amérique latine jugeraient qu'elle force le ton. Mais, tout en sachant que la critique est aisée, l'art plus difficile, je tenterai ici de m'inscrire plus dans une réflexion de long terme que dans l'évocation des nombreuses opérations, assurément positives, mais d'impact ponctuel ; des « États généraux de l'Amérique latine » à Paris en 1982 aux célébrations (un peu en miroir d'auto suffisance) du bicentenaire de la Révolution française en 1989.

Je donnerai d'abord quelques éléments pour savoir ce qu'il en est en matière d'image de l'Amérique latine à l'orée des années 1980. Puis je proposerai quelques réflexions sur les changements de paradigme (depuis les années 1980, n'est-on pas en train, notamment avec l'impact de l'événementiel, de la chronologie entre France et Amérique latine, de changer de manière d'aborder l'image de la France ?). Enfin, nous verrons, avec les difficultés à changer de paradigme, les éléments constitutifs et un certain nombre de vecteurs de l'image au début du XXIe siècle, reprenant alors des notions abordées par d'autres collègues dans ce livre.

1. L'héritage du paradigme culturel ou le paradoxe français : une image dégradée par la démocratisation de la culture en Amérique latine

Nous pourrions partir de cet article de la rédaction du *Times* de novembre 2007 remettant en cause ces questions de « civilisation » instrumentalisées par notre actuel Président, autour de cette très vieille idée selon laquelle la France aurait une mission civilisatrice. On peut aussi penser aux présupposés culturels et politiques du débat houleux encadrant, il y a quelques années le projet de réforme des programmes scolaires sur la colonisation.

Je partirai toutefois d'un point de départ plus simple. André Siegfried, a été, plusieurs décennies durant, le principal « montreur du monde » de l'École Libre des Sciences politiques. Ce géographe a enseigné dans cette maison une grande partie du monde, de la Russie aux États-Unis en passant par la France et l'Amérique latine. Il écrivait en 1934 que la présence et l'image françaises en Amérique latine n'étaient pas sérieusement bousculées par la présence croissante des États-Unis. « Cette conquête pacifique » de l'hémisphère par la culture nord-américaine, « en apparence irrésistible », pénètre « en réalité [...] beaucoup moins profondément qu'on ne serait tenté de le croire [...]. En dépit de l'usage, tout superficiel, de cet outillage, l'âme sud-américaine demeure complètement réfractaire à l'influence anglo-saxonne, dont les États-Unis sont l'agent ». Évoquant « l'âme indienne » puis « l'âme espagnole catholique », il conclut que « ce sont autant de barrages qu'il faudrait une bien autre inondation pour emporter »[1]. Ici l'idée, qui demeure parfois forte dans les postes de la diplomatie culturelle française en Amérique latine, est celle que la France conserverait beaucoup d'acquis et que son image aurait les moyens de résister à la puissance de la diffusion de la culture nord-américaine.

Dans le même ouvrage, à un autre moment de ce qui fut un cours, il analyse cependant les risques encourus par cette image jusqu'alors fortement maintenue. Il distingue deux « menaces » susceptibles d'atteindre « l'influence de la France » en Amérique latine[2] ; des menaces pratiquement inéluctables si l'on admet les termes utilisés ; deux menaces liées à l'expansion de la civilisation anglo-saxonne :

> « La première serait celle d'une démocratisation de l'Amérique du Sud[3], conformément à l'idéal matériel et quasi mécanique du XXe siècle. Quand les peuples d'aujourd'hui se démocratisent [...], ils élèvent sans doute leur niveau de vie [...], mais la tonalité moyenne par l'éviction des élites sociales tend uniformément à devenir plus vulgaire. Or pareille évolution ou révolution ne les rapproche nullement d'une France traditionnelle qui, quoique profondément attachée à l'égalité, a conservé, jusque dans ses couches populaires, je ne sais quel raffinement d'esprit et de goûts. [...] L'élite lisait nos livres, se faisait donner nos pièces de théâtre, buvait nos vins fins ».

André Siegfried décrit là une ambiance typiquement francophile dans ce même livre, tantôt au passé (comme ci-

---

[1]. André Siegfried, *Amérique latine*, Paris, Armand Colin, 1934, p. 161.
[2]. En utilisant le mot Amérique du Sud dans le sens d'Amérique latine.
[3]. Ici les termes « Amérique latine », « Amérique du Sud » sont équivalents, passe-partout, dans une vision géographique globale et assez imprécise « classique » en Europe.

dessus), tantôt au présent (comme ci-dessous), montrant bien que les années trente constituent des années charnières pour l'image de la France :

> « Dans presque tous les pays de l'Amérique latine, l'élite est en effet française par la langue, le ton de la conversation : la connaissance du français est généralement parfaite dans les rangs élevés de la société; le «dernier salon où l'on cause», s'il n'était plus à Paris, pourrait être à Rio, à Buenos Aires ou à Santiago de Chili[1]. [...] Il serait [néanmoins] dangereux de nous endormir sur ces lauriers. Ne perdons pas de vue que cette influence de la France sur l'Amérique du Sud est une influence du XIXe siècle : sous l'angle du libéralisme et du développement intellectuel de l'individu, elle continue dans ces régions l'irrésistible poussée de 1789. Mais *il ne s'est jamais agi de notre part d'une conquête populaire,* car notre clientèle se compose essentiellement des couches supérieures de la société »[2].

Ce formateur d'élites, dans un pays qui se perçoit volontiers lui-même comme élite culturelle, en déduit :

> « La masse, parvenue, fréquentera les cinémas américains, lira des romans policiers traduits de l'anglais, boira de la bière ou des alcools brutaux[3]. [...] La France, à cet égard, est un peu démodée, et on nous le dit assez, l'établissement de la démocratie dans le monde ne se fait plus sous notre inspiration. C'est l'Amérique du Nord qui, depuis une vingtaine d'années, a pris la tête, dès qu'il s'agit de la démocratie du confort, et son matérialisme ne travaille pas pour nous ».

L'analyse est extrêmement pertinente parce qu'aujourd'hui s'impose encore cette réflexion sur l'image traditionnelle et finalement assez conservatrice de la France. C'est la seconde menace formulée par André Siegfried :

> « La seconde menace, qui réside dans la mécanisation et la commercialisation de la vie, est à peine moindre ; elle est même plus directe, plus immédiate. Quand les pays, même latins, se mettent à

---

[1]. Cette situation est aussi constatée en Colombie et en Équateur Cf. *Revue de l'Amérique latine*, oct.-nov. 1917, p. 2.
[2]. André Siegfried, *Amérique latine*, ouvr. cité, pp. 153-155.
[3]. Le futur employé par André Siegfried en 1934 est sans doute, pour certains pays, le signe d'une acceptation, difficile pour l'auteur, d'une réalité en cours d'établissement.

l'école des méthodes américaines, il est naturel qu'ils se tournent vers les États-Unis »[1].

Et ce serait « moins par goût que par nécessité », selon André Siegfried. Après cette éclairante mise en perspective, en 1934, du « paradoxe du modèle français »[2], j'entre plus avant dans le premier point de cet exposé : l'héritage incontournable et l'inertie de la rhétorique des représentations et des images.

En Amérique latine, après la Seconde Guerre mondiale, il y a une image plaisante de la France. Mais elle est fripée, atténuée, souvent fanée. Elle hérite d'un XIXe siècle, acmé de l'influence française, ce temps où l'un des marqueurs des élites était la langue française, à tout le moins sous la forme de vocabulaire français inclus dans le parler « national ». Après une progressive dégradation dans la première partie du XXe siècle, l'image a subi une forme de renouvellement pendant la Seconde Guerre mondiale : pour la première fois en Amérique latine, avec les réseaux de soutien à la France libre du général de Gaulle, les représentants locaux ont, dans la plupart des cas, pratiqué un discours de la France qui n'était plus un discours de supériorité culturelle obligatoire. Jusque-là, de part et d'autre de l'Atlantique, la culture française était conçue le plus souvent comme une culture supérieure, matricielle. Pendant la Seconde Guerre mondiale, avec des Français et des réseaux francophiles qui se mobilisent après l'armistice de 1940 pour une puissance déchue, qui n'existe plus, on voit apparaître pour la première fois nettement dans cette relation entre France et Amérique latine un discours attentif et respectueux des cultures locales, d'une certaine manière égalitaire.

Après la Seconde Guerre mondiale, est mise en place à Paris la Direction Générale Scientifique et Technique, tandis que se déploie un vaste réseau d'attachés culturels. En

---
[1]. *Amérique latine*, ouvr. cité, pp. 156-157.
[2]. Denis Rolland, *La crise du modèle français en Amérique latine*, Rennes, PUR, 1999 ; réed. L'Harmattan 2010.

Amérique latine, il hérite particulièrement de ce renouvèlement de l'époque de la guerre, de ce qui a été esquissé par les réseaux de la France libre. Il faut toutefois poser les limites de ce rejeu. Dans l'aire de l'économie, la France ne participe que très peu au développement économique de l'Amérique latine. Dans les années 1940, 1950 et même 1960, la France est très peu présente dans cette partie du monde et le développement volontariste culturel français est essentiellement un processus compensatoire esquissé. Il y a bien des attachés culturels (et beaucoup de bonne volonté exprimée) mais on ne leur donne que peu de moyens ; on les encourage à travailler le « terreau fertile » du pays de résidence. De même, pour rebondir sur le tremplin de l'action militante de la France libre, l'on dessine au Quai d'Orsay entre 1945-1947 d'ambitieux programmes de redéploiement des liens avec l'Amérique latine : mais ils restent pour l'essentiel lettre morte faute de crédits alloués[1].

Il y a certes des apparences de renouvèlement d'image de la France en Amérique latine dans les années 1940 et 1950. Des Instituts culturels ou d'études supérieures français sont créés pendant ou au lendemain de la guerre : Buenos Aires en 1942, México en 1944, Port-au-Prince en 1945, Santiago du Chili en 1947, Lima en 1948. Sauf que, dans la décennie qui suit, celle de l'après-guerre, parce que la France restaurée dans son indépendance n'a pas les moyens de les maintenir ou ne les déclare pas prioritaires dans sa politique, ceux d'Haïti et du Chili sont fermés, l'Institut de Buenos Aires disparaît et les autres sont depuis régulièrement menacés, faute de crédits. En miroir, il y a beaucoup d'institutions créées en France « à propos » de l'Amérique latine. Cela commence avec la Maison de l'Amérique latine, créée à Paris en 1945 ; elle est conçue comme le lieu d'accueil des Latino-Américains (en un temps où il n'existe pas de migration économique notable de l'Amérique latine vers la France et où

---

[1] Denis Rolland, *La crise du modèle français*, ouvrage cité, p. XXX

donc cette présence est presque toujours celle des élites) et des diplomates latino-américains en particulier. La Chambre de Commerce France-Amérique latine naît en 1946 ; mais elle a alors assez peu de grain à moudre. Un Groupe parlementaire d'amitié France Amérique latine est mis en place en 1947. Et cela continue d'une certaine manière avec l'UNESCO car, si cette institution s'installe à Paris alors que beaucoup d'institutions internationales traversent l'Atlantique ou se diffusent ailleurs en Europe, c'est en partie grâce aux gouvernements latino-américains qui ont souhaité, dans le cadre de l'ONU naissante, manifester à la France leur attachement, et conserver Paris comme référence culturelle principale ou symbolique. Il existe un autre signe de cette relance : la fondation en 1954, significativement dans la même rue que l'Institut d'Études Politiques, de l'Institut des Hautes Études de l'Amérique latine (IHEAL), « relai des intelligences transatlantiques » françaises et latino-américaines, une sorte de grand pôle de l'Amérique latine en France.

Mais au-delà, comme cela a été évoqué en introduction, l'un des facteurs de relance, de « reprécision » de l'image de la France est constitué par les conséquences migratoires des dictatures militaires sud-américaines ou civilo-militaires comme on tend désormais à qualifier « les années sombres » brésiliennes. Ce constat est un seuil pour la période étudiée et le point suivant de l'exposé : le phénomène commence dans les années 1960, s'accentue dans les années 1970 (avec le coup d'État au Chili), trouve un souffle accru au début des années 1980 avec les dictatures meurtrières du Rio de La Plata. Nouveau paradoxe des relations franco-latino-américaines, ces régimes autoritaires viennent de fait « au secours » de l'image de la France. Pourquoi ? Il n'y a plus beaucoup de Latino-Américains résidant en France après la Seconde Guerre mondiale : la France a perdu de son attractivité et les élites modernes latino-américaines regardent désormais plus vers les États-Unis[1]. C'est seulement dans les années des dictatures, à partir des années 1970, qu'on retrouve un nombre de Latino-Américains (présents de manière durable en France) équivalent à celui du début du XXe siècle (alors même que la population du sous-continent a considérablement augmenté et que le développement économique a élargi les élites et les classes moyennes). Les dictatures « permettent », *via* l'exil (dans une appréciation sémantique large, réfugiés enregistrés ou non comme tels, simples « éloignés »), à beaucoup de jeunes ou moins jeunes Latino-Américains (et pas seulement issus pour l'essentiel des élites traditionnelles comme antérieurement) de (re)prendre contact avec l'image idéale très inégale et diffuse qu'ils avaient de la France : et peu importe que cette image soit parfois dégradée ou que nombre d'entre eux s'aperçoivent que la France n'est plus très accueillante, notamment en contexte de Guerre froide (la France du général de Gaulle refuse par exemple de renouveler son visa à l'écrivain, député et militant communiste Jorge Amado, lequel est contraint de réémigrer vers la République Tchécoslovaque, jusqu'à l'intervention d'André Malraux[2]). Le lien est revivifié des deux côtés de l'Atlantique, en particulier parce que nombre de militants ou sympathisants de la gauche française ont côtoyé des Latino-Américains engagés. Les archives du ministère français des Affaires étrangères pour les années 1960 et 1970 manifestent certes la grande difficulté du ministère de l'Intérieur, sous Raymond Marcelin pour les années 1968 par exemple, à accepter des exilés marqués par une étiquette « communistes ». Beaucoup

---

[1]. Cf. Denis Rolland, *L'Amérique latine et la France, anatomie de la fin d'un mythe*, Paris, L'Harmattan, 2010, ch. 3.
[2]. Cf. Idelette Muzart et Denis Rolland (dir.) *L'Exil brésilien en France*, Paris, L'Harmattan, 2008 et Idelette Muzart et Denis Rolland, *Le Brésil des gouvernements militaires et l'exil*, Paris, L'Harmattan, 2008.

finissent néanmoins par entrer sur le territoire français, légalement ou pas[1].

La France profite, pour son image, à partir de 1964 (coup d'État civilo-militaire au Brésil qui complique conjoncturellement la visite officielle du Président français, Charles de Gaulle) et surtout à partir de la fin des années 1960 (1968 au Brésil, dictature avec l'Acte institutionnel n°5, 1973 au Chili, 1976 en Argentine[2]) de cette nouvelle présence latino-américaine liée aux opposants aux gouvernements militaires. Cette présence a des conséquences diverses. Il ne faut ainsi pas négliger l'apport réel du côtoiement, du voisinage avec les sociaux-démocrates européens, notamment les socialistes français (mais aussi allemands, suédois…) pour apprendre la pratique démocratique : beaucoup de Latino-Américains « de gauche » - Chiliens exceptés - n'ont qu'une expérience limitée de la pratique démocratique et cédaient jusque-là volontiers aux sirènes révolutionnaires.

D'autres facteurs concourent aux variations mineures ou conjoncturelles de l'image de la France en Amérique latine. Mais ils n'influent pas notablement sur l'amélioration ou la dégradation durable de l'image. Les guerres de décolonisation (Indochine et surtout Algérie) ont ainsi affecté ces relations mais assez peu l'image de la France. Il en va de même pour les conflits économiques ponctuels (du type de la Guerre dite « de la langouste » avec le Brésil, que le gouvernement brésilien a mis beaucoup de bonne volonté à résoudre). Autre exemple, la participation de l'armée française (avec l'approbation des gouvernements) à la formation et parfois à l'encadrement des militaires américains (du Nord au Sud) à la Guerre révolutionnaire ou guerre

---

[1]. Cf. Denis Rolland, *L'Amérique latine et la France, anatomie de la fin d'un mythe*, Paris, L'Harmattan, 2010, pp. 87-88.
[2] Après une première dictature (1966-1973), une nouvelle junte s'installe en 1976 et jusqu'en 1983 pour les années les plus sombres du XXe siècle argentin.

subversive ; elle n'a finalement été connue que très récemment[1] ; or ce qui a été très peu connu alors n'a que très peu d'effet sur l'image de la France.

2. Vers le changement de paradigme : dilution de l'héritage et rejeu par l'exil

Si l'on entre maintenant de plain-pied dans la chronologie proposée par l'organisateur de cet ouvrage, François Chaubet, les années 1980-2006, il me semble qu'il y a d'abord un changement de paradigme et que l'événement, la conjoncture contribuent, quelle que soit la volonté éventuelle des acteurs, à accentuer l'éloignement entre France et Amérique latine, à diluer l'héritage, effriter lentement mais continûment l'image de la France en Amérique latine.

Tout d'abord, les redémocratisations des dernières décennies du XXe siècle en Amérique du Sud ne prennent pas la France pour modèle ou référence politique. Lorsque les pays d'Amérique latine retournent à partir des années 1980 à un modèle démocratique, le modèle avoué de transition dans la plupart des cas est le modèle espagnol : le succès du passage du franquisme à la démocratie est instrumentalisé dans la plupart des cas, jusqu'à l'amnistie des anciens responsables et l'absence d'épuration au nom de la réconciliation nationale et de la protection des anciens relais de la dictature.

Mais la médiation assez discrète et non gouvernementale des organismes de coopération décentralisée, telles ces fondations allemandes des partis politiques (la chrétienne-démocrate *Konrad Adenauer Stiftung*, la sociale-démocrate *Friedrich Ebert Stiftung*...) est très fonctionnelle aussi. Parce qu'elles ne représentent pas un État, elles peuvent agir plus facilement et contribuer, en particulier, à la formation des

---

[1] Cf. Marie-Monique Robin, *Les Escadrons de la mort, l'École française*, Paris, La Découverte, 2004. Et film documentaire homonyme, 2003.

élites aux principes de la démocratie parlementaire : formation des exilés sur leur terre d'accueil ou, dans certains cas et à certains moments, dans les pays d'Amérique latine.

Les États-Unis constituent le troisième modèle de ce retour à la démocratie. C'est le modèle libéral et, surtout, la clé financière pour des pays endettés, surendettés, en crise profonde. Et c'est le modèle économique global, néo libéral de l'École de Chicago, qui est proposé et rayonne pratiquement partout en ces temps de fin de Guerre froide et plus encore de post-Guerre froide, en particulier de Pinochet à Carlos Menem, au Chili et en Argentine, à Fernando Collor de Mello au Brésil).

Ce faisceau d'influences où la France n'intervient pas comme protagoniste affecte dans les années 1980 et 1990 l'image de la France, la poussant chaque fois un peu plus au second plan. Et c'est en plus cette France en crise économique qui tend à se fermer aux étrangers, qui impose ou oppose des visas pour l'entrée des étrangers en France et complique les relations culturelles transatlantiques. Si l'on ouvre un peu la focale, l'entrée de l'Espagne et du Portugal en 1986 dans la Communauté européenne est perçue outre-Atlantique de manière ambivalente ; elle paraît signifier un repli de ces deux anciennes têtes des empires coloniaux vers une Europe citadelle, regardant de moins en moins vers l'Amérique latine ; ou, à l'inverse, elle est perçue comme pouvant favoriser un nouveau regard des pays européens vers l'Amérique latine. Mais, dans tous les cas, la France s'éloigne un peu plus de l'imaginaire de l'Amérique latine avec le retour de l'Espagne et du Portugal à la démocratie et l'entrée de ces deux pays dans la Communauté européenne.

Dans ce paysage dégradé, il y a néanmoins un impact conjoncturel très positif : le retour en terre américaine des « exilés » en France, lorsque les transitions démocratiques s'esquissent ou commencent, que des amnisties sont décidées ou votées (1979 au Brésil). L'un des présidents qui conduit le Brésil au XXIe siècle, Fernando Henrique Cardoso, a passé quelques années en France aux temps de l'exil, notamment comme professeur de sociologie d'une université parisienne[1]. Comme pour son compatriote économiste Celso Furtado et bien d'autres, le lien à la France a été renforcé par les années passées à Paris. En Uruguay aussi, d'éminents membres du gouvernement de ce début du XXIe siècle ont connu la France pendant les « années de plomb ». Ils portent de ce fait un regard conciliant et de connaissance sur cette terre d'asile. Du Mexique à l'Argentine et au Chili en passant par le Brésil, d'Octavio Paz à Julio Córtazar, Julio Cesar Neffa, ou Jacques Chonchol, en passant par Jorge Amado, ces Latino-Américains qui ont peuplé les rues de Paris ou d'ailleurs en France transmettent nécessairement une image « réactivée », si ce n'est « modernisée » de la France. On retrouve aussi ce phénomène pour certains pays andins ou d'Amérique centrale. Et le phénomène est encore plus sensible en 1973, après le coup d'État du général Pinochet contre l'expérience socialiste chilienne, lorsque le quotidien *Le Monde* titre « Santiago sur Seine » après avoir accrédité quelque temps plus tôt l'expression « Mitterrand, l'Allende français »[2]. On notera cette réactivation des liens et images jusqu'au faîte du pouvoir. Par exemple, lors de la cérémonie d'investiture de François Mitterrand au Panthéon en 1981, de nombreux Latino-Américains entourent le Président français dont les écrivains mexicain Carlos Fuentes, colombien Gabriel Garcia Marquez, vénézuélien Miguel Otero Silva, les veuves du Président chilien Allende et du poète et ambassadeur en France Pablo Neruda. Il y a donc un réinvestissement

---

[1]. Fernando Henrique Cardoso, invité à enseigner à l'université de Nanterre décide de quitter son poste de fonctionnaire international au Chili pour la France (1967-1968) : cela n'en fait pas un réfugié ; mais l'homme est assurément mal venu et *a priori* en danger à certains moments dans son pays : il appartient d'une certaine manière à la communauté des exilés.

[2]. Expression soi-disant d'origine chilienne mais que l'on ne retrouve pas dans la grande presse chilienne.

symbolique fort des liens réciproques. Beaucoup de membres des élites politiques latino-américaines observent avec attention ce gouvernement de gauche français et la mise en œuvre d'une politique intérieure et extérieure qu'ils imaginent plus en adéquation avec les valeurs perçues comme traditionnelles de la France.

Ce rejeu de l'image francophile et des liens et solidarités transatlantiques a ses contreparties. Et c'est là que l'on voit comment se substitue insensiblement un paradigme réaliste et pragmatique à un paradigme idéal.

Quand François Mitterrand arrive au pouvoir, il souhaite intervenir plus activement dans les conflits qui déchirent l'Amérique centrale et investir les débats des lumières européennes. Fin 1981 et au début de 1982, l'intervention française est palpable, visible. Elle décline ensuite rapidement. Certains critiques soulignent que la présence des États-Unis dans la région ne permet pas une initiative concurrentielle durable d'un « petit » pays et que le réalisme l'a emporté de ce côté de l'Atlantique, à Paris, après quelques mois d'activisme.

François Mitterrand Président nomme en 1981 un conseiller présidentiel pour l'Amérique latine, Régis Debray. Mais la perception en Amérique latine de cet intellectuel très engagé est pour le moins ambiguë. Comme témoin et non plus comme historien, je puis attester des difficultés pour lui à organiser, hors réseau intellectuel et militant, des entretiens au plus haut niveau dans les pays d'Amérique latine ; sur le versant conservateur des pouvoirs en Amérique latine, son passé de guérillero aux côtés de la révolution castriste faisait qu'il paraissait compromettant à la plupart de le rencontrer ; et, du côté d'une gauche latino-américaine qui n'a pas partout perdu ses illusions révolutionnaires, le même passé conduisait parfois à l'éviter, puisque cet ex-compagnon de *Che* Guevara dans les maquis de Bolivie passait aussi pour celui qui, sous la torture sans doute, aurait involontairement contribué à localiser le Che. Peu importe la réalité : nous sommes ici dans l'univers des représentations où les rumeurs ont plus de force souvent que les faits. Les représentations contradictoires de Régis Debray font qu'il était parfois complexe d'organiser pour ce *missi dominici* de l'Élysée des entretiens dans la hiérarchie ministérielle à un niveau décisionnel – ce qui a sans doute réduit un peu son efficacité.

Autre exemple d'après 1981. Il y a eu alors, logiquement, une vague de nominations d'attachés ou de conseillers culturels pour des raisons politiques. Il s'est parfois agi de compensation lors de la mise en œuvre de stratégies électorales[1]. Certains de ces diplomates néophytes ont pu chercher à valoriser leur singularité et mettre en œuvre une politique nouvelle. Elle a cependant pu se trouver en pleine contradiction avec les enjeux de pouvoir nationaux locaux et pouvant arriver à des frictions importantes. Donnons un seul exemple : lorsque l'attaché culturel dans tel grand pays d'Amérique latine, directeur d'Institut culturel, cherche ainsi à mettre en place une coopération artistique entre telle banlieue lyonnaise et tel vieux quartier du cœur de la capitale de sa résidence[2], il met sans doute en avant ses généreuses valeurs initiales ; il active ses réseaux militants ; mais il néglige délibérément le fait que les élites politiques et administratives du pays d'accueil ont des ambitions d'urbanisme pour ce quartier, que la spéculation immobilière verrait bien pour ce quartier, connu pour être très populaire et lieu de contrebande, un changement radical nécessitant l'expulsion de sa population et non son organisation sous la houlette d'un diplomate étranger transportant la supériorité de ses valeurs françaises contre les intérêts du pouvoir local dominant. Les pouvoirs locaux ne disent rien officiellement,

---

[1]. Tel candidat potentiel de tel courant du Parti Socialiste a pu se retrouver par exemple déclassé par un « parachutage » de l'appareil du parti en tête de liste ; on le retrouve alors dans un poste diplomatique latino-américain, sans compétence sur la zone (mais c'est rarement la règle au Quai d'Orsay) et en décalage rapide avec une ambassade plus traditionnelle.
[2]. Mexico, 1984.

parce que telle n'est pas l'habitude et parce que le projet est généreux, est *a priori* sympathique et, qui plus est, vient de l'ambassade d'un pays « ami » dans la rhétorique traditionnelle. Mais, lorsqu'il organise en parallèle, dans le cadre de ses fonctions, une grande campagne de promotion de la langue française, avec des moyens financiers importants mobilisés pour la communication, l'essentiel de ces contacts institutionnels locaux cesse sans rien dire de se mouvoir au dernier moment, entraînant l'écroulement de ladite campagne et la perte d'une grande partie des moyens mobilisés, mal ou non relayés par des partenaires locaux pour une part subitement indisponibles. On touche là aux contradictions entre volontarisme, ignorance du terrain et inexpérience diplomatique. L'impact sur l'image de la France est néanmoins sans doute très faible.

Bien plus sensible est l'impact d'incidents de parcours périodiques. Pour ne citer qu'un incident « de parcours » économique dans la période étudiée, l'hyperinflation endommage une partie des réseaux économiques, culturels français en Amérique latine. Certes, les effets ne sont pas irréversibles, mais les réseaux commerciaux d'échelle modeste de la France avec l'Amérique latine ont beaucoup de difficultés à s'adapter voire à survivre à cette énorme instabilité monétaire. Les réseaux d'éditeur, les librairies françaises, déjà sur un marché peu dynamique, ont ainsi d'importantes difficultés à importer leur matériel. Certains éditeurs cessent alors pratiquement de travailler avec l'Amérique latine, ce qui est compréhensible mais inopportun pour les liens et images réciproques. Dans le cadre d'incidents de plus long terme qui affectent l'image de la France, même s'ils ne sont pas toujours verbalisés par les acteurs concernés, il y a la Politique agricole commune (la PAC) où la France est perçue comme motrice. La perception de la PAC est celle d'un protectionnisme, d'une « fermeture » de l'Europe aux produits agricoles de l'Amérique latine, souvent source essentielle des exportations du sous-continent. Il y a aussi la position de la France (et du Royaume-Uni) dans des conflits commerciaux et douaniers. Ainsi, « la guerre de la banane », fermeture partielle de l'Europe aux produits tropicaux latino-américains destinée à protéger les anciennes colonies (et les DOM-TOM pour la France) : l'Union européenne vient à peine de refermer la crise à la fin de l'automne 2009 après plus d'une décennie de conflit. Il y a de même la reprise des essais nucléaires de la France dans le Pacifique en 1995, lesquels ont un impact conjoncturel relativement durable sur l'image de la France en Amérique latine : la France est considérée non seulement comme violant les règles communes, l'éthique internationale, défiant le monde, mais manifestant « une nouvelle fois » un caractère présomptueux ou impérialiste[1] (il est aisé de le vérifier dans la presse latino-américaine de l'époque), volontiers considérée comme faisant écho à sa politique de résistance à la décolonisation des années 1950 et 1960 (un moment où en Amérique latine l'image de la France puissance coloniale s'accrochant à ses éléments d'empire entre en évidente contradiction avec l'image idéale que l'on se fait *a priori* de la France).

Mais il y a aussi des facteurs plus structurels. Il y a ainsi de sérieuses difficultés pour le cinéma français, dynamique, très bien aidé à l'intérieur, mais de diffusion souvent difficile. Dans un paysage morose depuis avant la Seconde Guerre mondiale, depuis la généralisation de la technique du parlant en particulier[2], et après une Nouvelle Vague aux échos notables bien que circonscrits à une frange des jeunes élites

---

[1]. Un haut fonctionnaire mexicain déclarait en 1983: «Au sujet de la France, il convient de nous élever au-dessus de cette inévitable admiration que son renom et son passé suscitent chez tous les Latins. La France s'est toujours révélée comme une grande puissance impérialiste (...). Cette caractéristique impériale existe toujours» (*Grandes temas de la política exterior*, México, s. e., 1983, p. 149).
[2]. Cf. Denis Rolland, *La crise du modèle français en Amérique latine*, Paris, L'Harmattan, rééd., 2010.

intellectuelles, le cinéma français en Amérique latine connaît de grandes difficultés de diffusion dont les raisons ne tiennent, ni toutes, ni seulement, au supposé et stigmatisé « impérialisme » nord-américain. Quand le cinéma français arrive en Amérique latine, il parvient généralement sous-titré (en espagnol, en portugais), ce qui exclut des salles une très grande partie du public même si les services culturels continuent parfois à vendre la « v.o. » comme une marque de qualité, d'exigence (avec des mentions élitistes du type « *Película toda hablada en francés* »). Dans un univers où le sous-titrage n'est pas la manière la plus commode de se diffuser, pour employer une litote, le cinéma français n'arrive pratiquement jamais doublé, faute de moyens économiques initiaux sans doute, faute d'ambition et de calcul financier parfois en ce qui concerne un marché de quelques centaines de millions de spectateurs, mais aussi parce qu'une partie du « réseau » culturel français et des élites locales souvent vieillissantes « abonnées » à ce réseau continuent d'argumenter autour du fait que la langue française doit être défendue, promue – sauf qu'on perd alors au moins 95% du public local qui n'a pas les moyens culturels ou pas envie de « s'infliger » un film parlé en langue étrangère.

Un paradigme réaliste s'impose : on juge de moins en moins la France à sa trace qui s'efface dans le monde, à son passé, qu'à sa réalité. Il ne s'agit plus alors de jouer l'équivoque. J'ai vu des hauts fonctionnaires ou hommes politiques latino-américains sourire quand des officiels français évoquaient ou invoquaient la « latinité » commune. Et ils ne se laissent pas tromper par l'assimilation France/Europe, quand, par exemple, un ministre du Commerce extérieur, Édith Cresson, proclame en Amérique latine « Ariane, c'est la France » ou « Airbus c'est la France ».

3. Vers un paradigme normal : une France de musées ou l'image d'un pays de culture « non active »

Troisième et dernier élément de cet exposé sur les marqueurs, vecteurs et représentations constitutifs de l'image, la France éprouve de sérieuses difficultés à sortir de son vocabulaire de supériorité culturelle vis-à-vis de l'Amérique latine. Elle continue, par exemple, à parler des « jeunes États de l'Amérique latine », même si les Républiques ont en ce domaine plus de passé cumulé que la République française. Cette dernière éprouve des difficultés à ne pas sans cesse revenir sur un passé commun supposé brillant et elle ne se met pas en position favorable pour une perception correspondant à ce qu'elle est ou souhaite être aujourd'hui.

Sans aller jusqu'aux déclarations provocatrices d'un grand diplomate nord-américain considérant que si la France du XXIe siècle invoque si souvent les droits de l'homme, c'est qu'elle n'a pas la capacité de parler d'autre chose, ce n'est donc pas tout à fait un hasard si la France est volontiers perçue à la fin du XXe siècle comme un pays de culture « non active » ou moins active que la culture d'autres pays européens ou occidentaux. Expliquons-nous. Ces termes viennent de sondages réalisés en Amérique latine à l'initiative (nécessairement discrète) des services culturels des ambassades de France dans les années 1980 et 1990. Nous y reviendrons. Il y a différents mécanismes ou signes de retrait.

Quels que soient les efforts des opérateurs, des « bureaux d'action linguistique » (BAL) en particulier, le retrait de la langue française de l'enseignement secondaire latino-américain est en quelque sorte « conclusif » dans les années 1980 et 1990. Le terme est délibérément provocateur mais il faut toutefois bien constater que la langue française, très en retrait dès avant la Seconde Guerre mondiale partout en Amérique latine, sort, là où elle avait jusqu'alors subsisté, définitivement de la plupart des programmes scolaires officiels dans le dernier quart du XXe siècle. Dans l'Argentine de la redémocratisation par exemple, le français, déjà en très grandes difficultés, disparaît de l'enseignement secondaire public dans les années 1980. Autre signe de ce retrait dans les années qui nous concerne, l'académie diplomatique brésilienne (l'*Instituto Rio Branco*), une des plus anciennes et prestigieuses du continent américain, retire au milieu des années 1990 le français comme langue obligatoire de son concours d'entrée ; pour d'excellentes raisons dans le cadre de la politique de voisinage et du Mercosur (faire entrer l'espagnol dans le concours), le français devient optionnel au concours d'excellence permettant de recruter les futurs diplomates[1].

Ajoutons deux exemples en ce qui concerne la langue. Les nombreuses écoles confessionnelles d'origine française (celles des pères maristes au premier plan) sont définitivement devenues des institutions locales où le français n'est généralement plus qu'un (bon) souvenir. Et, comme ailleurs dans le monde, les établissements publics français (écoles et lycées français) d'Amérique latine, entrent dans un cycle où on leur demande de s'approcher de l'autosuffisance financière ; cette ère ouvre presque inévitablement sur des compromis qualitatifs et, surtout, tend à exclure du spectre de cet enseignement ceux des Latino-Américains des catégories supérieures ou moyennes pour qui le coût de l'entrée au lycée français est trop important, n'obtiennent pas de bourse, ou jugent que des institutions anglo-saxonnes méritent davantage un sacrifice financier ; à dépense égale, beaucoup préfèrent un établissement anglo-saxon susceptible d'ouvrir à leurs enfants la possibilité d'une formation aux États-Unis ou dans un pays où l'anglais sera exigé ; cette formation leur permettra plus simplement l'entrée dans un enseignement supérieur national où l'anglais a, depuis très longtemps dans la plupart des matières, occupé la place qu'au XIXe siècle le

---

[1]. Cette situation a été revue depuis.

français tenait. Ajoutons à cela que, dans un modèle anglo-saxon en forte diffusion, comme l'a constaté notre collègue directrice de l'Alliance française de New York, c'est le financement qui pose une image culturelle. Pour les établissements français d'enseignement comme pour les Alliances françaises, la communication, la publicité, le marketing restent souvent embryonnaires ou laissés à la compétence de chacun des responsables. Or ils assoient le produit culturel au XXIe siècle, ici l'image, là où le « messianisme français »[1] faisait le travail au XIXe.

Dans l'enseignement supérieur, la France perd de même la plupart de ses positions - les sciences humaines et sociales demeurant un domaine d'exception. À la fin du XXe siècle, il n'y a plus de livres français ; on n'enseigne plus avec des manuels français et, si les enseignants de certaines matières connaissent le français et utilisent des livres français, la plupart des étudiants en sont généralement incapables. Le gouvernement français met peu de moyens (il en a peu il est vrai) face au rouleau compresseur anglo-saxon, des institutions et fondations nord-américaines en particulier. Si l'on tentait de donner un ordre de grandeur comparatif entre France et États unis en ce qui concerne, par exemple, les propositions de bourses ou séjours faites à nos collègues universitaires sud-américains, le rapport serait, au minimum, de 1 à 10. Si l'on transpose la comparaison au domaine des bourses d'études dans l'enseignement supérieur pour les étudiants latino-américains, la situation est assurément encore plus inégale. Au Mexique, au début des années 1980, il était notoire que le service des bourses (pour l'enseignement supérieur, généralement au niveau du 3e cycle universitaire d'alors) de l'ambassade de France recevait des demandes d'étudiants qui (sauf en lettres et sciences humaines et sauf de la part d'étudiants très engagés politiquement conservant

---

[1]. Selon l'expression d'Albert Salon.

une image révolutionnaire de la France[1]) avaient souvent d'abord sollicité les services homologues de l'Ambassade des États-Unis, du Royaume-Uni, d'Allemagne, du Japon, etc. Certes, il faut comparer ce qui est comparable, à commencer par les PIB respectifs. Il faut néanmoins aussi évoquer la baisse du rayonnement des institutions françaises, leur perte ou manque de visibilité internationale ou, plus simplement, signe des temps, justifié ou pas, la meilleure fonctionnalité souvent d'un diplôme nord-américain, quel qu'il soit, quels que soient sa provenance ou son niveau, sur un marché national où beaucoup d'entreprises anglo-saxonnes ou anglophones sont présentes comme sur un marché international globalisé. Même en sciences humaines ou sociales, aire d'exportation de la culture française massivement maintenue jusqu'au milieu du XXe siècle en Amérique latine, l'accessibilité des formations, l'augmentation continue des enseignants formés en terre anglo-saxonne, la bibliographie disponible (traduite ou non) et l'héritage de l'anglais de plus en plus pratiqué dans le secondaire a mis en place progressivement depuis 1945 une nouvelle hiérarchie des références étrangères. Et cela même dans un pays où la référence française est demeurée très longtemps tenace comme au Brésil. Cela ne veut pas dire que Foucault, Levinas, Braudel, Lacan, Roger Chartier... n'aient plus d'influence en Amérique latine. Toutefois, le XXIe siècle marque sans doute une dernière phase de transition dans ces domaines entre une fin d'influence française et une domination nord-américaine.

La question des Alliances française a été longuement évoquée dans ce colloque. Je n'y reviendrai pas. Il convient peut-être juste d'évoquer leur situation de déclin relatif, même si le sous-continent (qui fut dans le monde le grand pôle de développement des Alliances) demeure une terre d'implantation importante. Et de souligner deux points peu

---

[1]. Et ne produisaient pas toujours des résultats universitaires brillants.

mis en valeur par les autres exposés. D'une part, les « comités » locaux gestionnaires ne poussent pas toujours à la modernisation, ils incarnent une représentation très traditionnelle de la France en Amérique latine. Ils sont souvent composés des anciennes élites déjà évoquées ou de Français résidents locaux âgés et peu modernes ; les directeurs d'Alliance se heurtent parfois à ce mur traditionaliste lorsqu'ils veulent sortir du registre classique de l'image de la France, *via*, pour la musique par exemple, le rock, la techno, le rap ou le slam, par exemple. D'autre part, les statuts de l'Alliance française n'ont permis que tardivement l'enseignement d'autres langues ou cultures, indispensables parfois à la survie de l'institution locale, et indispensables à l'ère de la globalisation et d'une construction européenne élargie. Des questions financières poussent dans les années étudiées à restreindre le nombre de recrutés français expatriés ; le niveau de l'enseignement s'en ressent, si je parle ici comme éditeur, recevant régulièrement des manuscrits traduits par des professeurs de l'alliance française, y compris des professeurs de traduction, et qui parviennent pour édition parfois en deçà des limites d'une possible réécriture. Le cas pionnier de l'Alliance française de Santa Cruz de la Sierra en Bolivie est sans doute exemplaire du chemin à suivre ; plutôt que de fermer ou subir le déclin, l'Institut Goethe et l'Alliance ont décidé de mutualiser une partie leur fonctionnement, s'hébergeant dans un même édifice, trouvant des économies d'échelle et des synergies dans un pays où le rayonnement traditionnel de ces deux pays n'est pas (ou plus) très important et dans une ville, capitale économique actuelle de la Bolivie, mais à l'essor récent, y compris culturel. Si l'on considère que, depuis 2004, la Chine établit un réseau d'Instituts Confucius (d'abord au Pérou et au Mexique), il paraît opportun de commencer à réfléchir « européen ».

En ce qui concerne les Instituts français d'enseignement supérieur, comme on l'a déjà noté, il n'en demeure aujourd'hui que deux en Amérique latine, l'Institut français d'études andines et l'Institut français d'Amérique latine, et une partie de leur énergie a été parfois orientée vers leur propre sauvegarde, ce qui n'est guère fonctionnel, rédigeant rapports et notes détaillant des activités certes essentielles mais au public nettement plus limité que généralement décrit et soulignant la nécessité de moyens maintenus, si ce n'est accrus. Quand tout un chacun pouvait constater qu'à d'assez nombreuses reprises l'État français finançait des missions pour un universitaire ou un intellectuel français (souvent dans le réseau de tel ou tel membre du service culturel) pour une ou deux conférences presque sans public, la rentabilité de l'investissement public est effectivement discutable (et cela concerne aussi bien les services culturels des ambassades que les Instituts français[1]).

Cela ne veut pas dire que tout soit sombre dans ce bilan des évolutions d'image. Il ne s'agit pas de reproduire un discours de déploration par trop commun en France. Au-delà du constat du déclin de l'image traditionnelle de la France, il s'agit sans doute de constater le changement de paradigme entre France et Amérique latine : une « normalisation » des représentations. On arrive ainsi à remplir au XXIe siècle au Brésil des amphithéâtres pour tel ou tel conférencier français très particulier et connu, mais ils ne sont plus très nombreux à avoir cet écho, et il faut donc viser très juste. J'ai pu faire l'expérience jusque récemment de « vedettes » universitaires françaises parlant devant des auditoires très réduits ; le rayonnement et leur médiation (les traductions notamment) ne traversent plus aisément l'Atlantique. Et on manque de recul pour savoir si « L'année de la France au Brésil » en 2009 marquera durablement les relations bilatérales.

---

[1]. Les postes diplomatiques français tendent désormais à bien plus utiliser les missionnaires.

Je voudrais terminer mon exposé par les images de la France issues d'enquêtes d'opinion. Des sondages réalisés officieusement par les autorités françaises (il est diplomatiquement malvenu de directement « sonder » le pays de sa résidence) ou par d'autres organismes étrangers. La France l'a ainsi fait discrètement au Mexique à la fin de la première moitié des années 1980. Avec un résultat cinglant : la France était certes encore perçue comme un « grand pays de culture » ; mais comme un « pays de culture non active ». Nous étions un pays de culture du passé. Et en Amérique latine, c'est la grande difficulté : qu'est-ce qui passe de la culture française après les années 1920-1930 en Amérique latine ? Qu'est-ce qui passe après la Seconde Guerre mondiale ? Le domaine d'influence exclut d'abord tout un volet de la modernité technique et scientifique (médecine longtemps mise à part, les rues ou avenues Pasteur en témoignent partout en Amérique latine), se réduisant peu à peu à la littérature, à l'art et, plus durablement, aux sciences humaines et sociales.

La construction d'une image moderne est un défi pour la France du XXIe siècle, un défi que les ambassades françaises ont largement commencé à relever, avec une moins mauvaise coordination entre les différentes branches de l'ambassade, avec aussi des conseillers culturels et de coopération moins systématiquement issus de la culture, de l'enseignement secondaire ou des aires traditionnelles (lettres et sciences humaines) de l'université française. Dans les années 1980, l'ambassade de France au Mexique a ainsi organisé une campagne « Le français ne sert pas seulement à entrer dans les musées » : on avait compris que le public de l'enseignement du français était devenu très féminin, servant plus pour le thé de 5 heures entre personnes de la bonne société la plus traditionnelle et que, si l'on voulait rénover les choses, en matière de langue et de culture française, il fallait aller au-delà de langue française pour les élites traditionnelles ou des fromages français. Il fallait aller au-delà des stéréotypes qui ne passent plus en Amérique latine mais que l'on lit encore dans la presse aujourd'hui à propos de la France produits par les institutions françaises, par les représentants gouvernementaux français : il faut aussi accepter de ne plus avoir un discours hégémonique en Amérique latine sur l'Europe (et la France n'est évidemment pas seule en cause). Comme on l'a dit plus haut, Ariane ou Airbus, c'est un consortium de sociétés européennes soutenues par un certain nombre d'États. La France insulée est un petit pays développé. L'on est là dans une des ambiguïtés fondamentales : la France se donne volontiers à voir en *leader* politique et culturel de l'Europe ; elle se sert de l'Europe pour se donner à voir, utilise volontiers les statistiques européennes dans sa mesure globale vis-à-vis des États-Unis en Amérique latine, sans être motrice dans le nécessaire développement d'une politique culturelle extérieure de l'Europe.

Pour évoquer enfin les vecteurs médiatiques, on peut imaginer une typologie en deux points.

D'une part un registre « ancien », où les années étudiées ne font que prolonger des évolutions déjà anciennes. Le livre français est en difficulté en Amérique latine, traduit ou pas. Paolo Coelho est plus connu en France que n'importe quel romancier français contemporain au Brésil. Le cinéma aussi, même si son encadrement institutionnel en France lui conserve une force financière remarquable. D'autre part, un registre plus neuf, pour lequel je manque d'éléments d'appréciation concrets, avec à la fois des signes d'évolutions et beaucoup d'incertitudes ou de revers. En ce qui concerne la radio, l'excellente RFI n'a qu'une programmation partielle en espagnol et encore plus en portugais, des horaires particuliers. TV5, programme plurinational francophone, diffuse en Amérique latine parfois en espagnol mais la plupart du temps en français : il a donc auditoire très réduit, difficilement accessible, même pour sa part la plus cultivée. On observe, semble-t-il, même depuis une dizaine d'années une sorte de retrait des « bouquets » proposant TV5 en Amérique latine : là où il était possible de regarder TV5 en Amérique latine, j'y accède plus rarement. Et avec le rapport français Georges-Marc Benamou de novembre 2007 proposant le regroupement de TV5, de France 24 (qui ne diffuse pas du tout en espagnol ou en portugais) et de RFI (avec d'ailleurs les problèmes que cela pose puisqu'il y a dans les médias cités d'autres soutiens nationaux), avec une demande du président actuel demandant que tous parlent français, on peut se demander quel est l'avenir « médiatique » de la France en Amérique latine, en considérant notamment que la langue française n'est plus là un vecteur réellement efficient. En outre, alors qu'on peut bien voir l'originalité relative de RFI multilingue dans le modèle des radios captées en Amérique latine, on peut s'interroger pour la télévision sur la pertinence de l'imitation : le modèle, intéressant au demeurant, de France 24 apparaît au néophyte que je suis un modèle très nord-américanisé, transposé à la France, un modèle de CNN à la française : pourquoi alors regarder en Amérique latine plutôt France 24 [1] que CNN ? Il n'a pas encore été question ici d'Internet. Notons simplement que, dans cette narration du monde à travers les nouveaux médias, les difficultés à parcourir le chemin de la modernité demeurent encore manifestes si l'on compare, par exemple, les sites Internet du ministère des Affaires étrangères français et du *Foreign Office* britannique. Ces deux grands pays au passé important font des choix divergents : tandis que le premier maintient durablement visible la mémoire de son passé fastueux, valorise l'histoire, le second met délibérément de côté les éléments du passé, se tourne radicalement vers le présent et l'avenir, cherchant d'abord à accréditer une image « moderne » du Royaume-Uni[2]. Certains acteurs de la

---

[1]. Qui à la date de ce colloque devait bientôt s'appeler France-Monde.
[2]. À la date de ce colloque, 2007.

projection extérieure de la France ont des difficultés à se libérer du passé, à passer à une auto-perception actuelle, très « présente » tandis que le Royaume-Uni cherche à l'inverse un positionnement actif dans le monde contemporain.

Tous les acteurs nationaux ont-ils aujourd'hui une perception claire de l'image de la France en Amérique latine. Le passage d'un paradigme culturel à un paradigme « normal » n'a pas été également enregistré. Existe parfois une discordance entre perception plutôt bien informée des diplomates et pratique de l'Exécutif : ce dernier - sous tous les gouvernements depuis les années 1980 - continue volontiers à instrumentaliser des vieilles litanies, dont celle de la latinité et d'un passé commun supposé fastueux et tout à l'avantage de la France. Cette rhétorique sympathique mais de supériorité n'a plus qu'un écho très modeste. Ces facilités de langage utilisées au-delà d'une introduction pratique du discours officiel ne sont plus guère fonctionnelles en Amérique latine. Elles peuvent être contre-productives, servir de paravent à une absence de propositions modernes ou mal dissimuler un manque de moyens financiers.

Au-delà, la question pourrait ou devrait être (et je parle à la première personne, avec le lot d'ignorances inhérent) : à l'heure où sa trace dans le monde s'efface, la France a-t-elle intérêt, a-t-elle les moyens de maintenir une image très individualisée des autres pays européens en Amérique latine ?

Interventions

Diplomatie culturelle au quotidien, ombres et lumières

Brigitte Proucelle

Évoquer ma mission d'attachée culturelle au Japon, c'est avant toute chose interroger les modalités de cet exercice qui conditionnent, et le mot n'est pas trop fort, l'ensemble de notre présence, de notre action dans chaque pays de résidence – 4 ans au Portugal et 5 ans au Japon, dans mon cas – considérant sa spécificité, sa singularité. La question se pose alors, cruciale, de la définition de la mission de l'attaché culturel, des objectifs qui lui sont donnés.

Car si certains moyens sont clairement énoncés (financiers, humains), il en va tout autrement pour l'affirmation des objectifs, de l'intention même qui préside à notre présence culturelle à l'étranger, issue d'une intention historique – (et la question historique est prégnante dans notre fonctionnement – non reformulée (ou alors en messages qui parviennent de manière inaudible), non réadaptée et réinventée par chacun à l'aune de sa propre compréhension.

De cette formulation, préalable attendu et espéré particulièrement par les primo partants, mais aussi par l'ensemble du réseau, s'enclenchent – ou non – la dynamique qui commence dès le recrutement, avec des profils affinés, adaptés et l'investissement des professionnels recrutés (« cette mission, si vous l'acceptez… »), etc.

De fait, on se trouve devant la non-perceptibilité du message, aussi bien sur les enjeux que sur les conditions réelles de l'exercice (configuration du poste, possibilités, difficultés…) ou encore sur les conditions du recrutement (de ses critères en passant par le salaire réel jusqu'aux droits sociaux). Le modèle de l'entreprise ou même celui des Anglo-saxons présentent à cet égard des avantages quant à la qualité et l'efficacité du management dans sa plus large acception.

Cela impliquerait aussi la reconsidération de notre dispositif, particulièrement pour l'implantation de nos centres, Instituts, Alliances, eux aussi héritiers directs d'un déploiement de moyens voulus après guerre et apparemment très peu réajustés, du moins de façon compréhensible, dans ses stratégies.

Ainsi en est-il de notre présence au Japon, qui demeure fidèle depuis cette période à une implantation non réévaluée, et indifférente à la nouvelle réalité du miracle économique des années 70.

Car actuellement que faire d'une Alliance Française à Sendai quand Niigata se révèle être un moteur économique et culturel plus puissant pour les années à venir ? Que dire aussi de l'absence de représentation dans le sud du Kyushu dont les particularités socioculturelles et le poids économique pèsent sur des questions géopolitiques dans la zone asiatique ?

Souplesse nécessaire de l'implantation, souplesse aussi de la structure elle-même : l'Alliance de Nagoya dort sur une richesse accumulée qui ne profite à rien si ce n'est à la bonne santé financière de l'établissement et au contentement de ses gestionnaires. Qu'importe, dans ce cas, d'y trouver un professionnel averti ? Le conseil d'administration est là pour lui rappeler la politique du « bas de laine », l'ambassade pour le « recentrer » sur les cours de langues (une autre boîte de Pandore à ouvrir).

Un constat après ces presque dix ans d'une action malgré tout volontaire et enthousiaste à l'étranger : notre outil n'est plus adapté (lieu commun malheureusement abondamment commenté et partagé dans le « réseau »).

Faut-il pour autant rester et investir (!) culturellement au Japon, dans les grands pays industrialisés ? 100 fois oui ! La question est de préciser le « pourquoi », puis le « comment ».

En Afrique, en Amérique latine ? Mêmes questions.

En France, dans bien des collectivités territoriales actuellement, le mode de compréhension, d'appréhension de la matière culturelle a considérablement évolué. D'une fonction valorisante, de rayonnement et d'attractivité, la culture est devenue moteur à part entière de développement, instillant sa dynamique, ses apports en qualité et en spécificité dans les domaines de l'urbanisme, de l'économie, du social, de l'éducation, de la citoyenneté...

Nous sommes encore bien éloignés de ce modus operandi. S'il existe un questionnement cependant sur la politique française à l'étranger, la réponse en reste au plan administratif : volonté en effet, ces dernières années, d'une évaluation des actions, des personnes, des outils par une gestion administrative toujours plus lourde, avec des moyens humains aléatoires. Mais la matière culturelle demeure sous-exploitée en tant qu'outil politique, économique, ignorée comme telle dans bon nombre, par exemple, de plans d'action d'ambassadeurs.

Hiatus total. Le seul cadre administratif, toujours plus réactif, laisse donc échapper les notions de moteur, de réactivité, d'investissement sur l'avenir, de professionnalisme, d'imprégnation du tissu local, de force d'attraction, de compétitivité. Pour tous les acteurs culturels du réseau, un unique repère fixe s'avère prégnant : la pratique administrative.

Dès lors, comment réagir de façon performante à la singularité du pays de résidence ? Comment faire valoir et utiliser nos spécificités, les talents des femmes et des hommes, les compétences qui composent le réseau ? Comment s'appuyer sur eux, pour explorer la mobilité de nos sociétés et faire en sorte que notre pays soit à sa manière « exceptionnel », moteur dans le concert des nations ?

Au Japon, de façon aiguë, ont surgi toutes ces problématiques. La 2e puissance mondiale nous provoque et nous contraint à la remise en question au quotidien et pour l'avenir. Il est, à cet égard, intéressant de constater l'application du concept de « soft power » (la culture), développé vers ses voisins asiatiques par le Japon et le succès de cette démarche menée par le secteur privé. Nous ne sommes, à Tokyo ou Osaka, qu'une proposition parmi tant d'autres, un point de vue servi par une « machine culturelle » bien en-deçà de ses possibilités. La « joint venture » nécessaire que l'on attendrait, par exemple, pour en profondeur affirmer nos intentions et donc nos actions est une exception, là où elle devrait pourtant se multiplier pour augmenter ses effets. Pour ce faire, il faut modifier nos modes d'action et donc en transformer les supports, les structures en partant d'objectifs clairement établis. Plus de souplesse, plus d'adéquation à nos sociétés en mouvement sont donc requises. Il nous faut miser sur l'humain, avec ses compétences, pour des missions avec des objectifs ciblés, dans des structures mobiles et évolutives. L'action du réseau culturel au Japon se heurte, de fait, à toutes ces limites que nous nous donnons.

« Donner à l'autre et recevoir de l'autre » : l'exemple de la politique artistique à Londres au milieu des années 2000 menée par l'Ambassade de France

Sophie Claudel

Dans nos sociétés contemporaines, « penser français » en matière d'échanges artistiques est un point de départ biaisé. Il est difficile d'imaginer une telle catégorisation à notre époque alors que les artistes revendiquent tous désormais une liberté à tous les niveaux, aucune appartenance – surtout pas nationaliste – qui pourrait les « étiqueter » et les limiter dans leur champ d'action. De nombreux débats ont eu lieu ces dernières années sur le nombre limité d'artistes « français » représentés dans les grands rendez-vous internationaux. Rappelons que les artistes eux-mêmes – car ils sont la colonne vertébrale de notre action – ne sont pas concernés par cette polémique. L'action culturelle extérieure de la France doit avant tout prendre en considération les évolutions des pratiques des artistes et de leurs esthétiques pour pouvoir adapter ses méthodes de travail aux réalités culturelles.

Dans le cas spécifique du Royaume-Uni, rappelons trois points essentiels.

1. toute initiative gouvernementale en matière culturelle est mal perçue.
2. l'auto évaluation est un principe fondateur chez les Britanniques, déterminant dans leurs méthodes de travail.
3. les Britanniques ne considèrent pas la France comme un pays « contemporain » mais assis sur ses acquis et sans capacité de remise en question – aussi bien sur la forme que sur le fond (Londres, en particulier, est peu francophile). Les méthodes de travail employées par le réseau culturel extérieur de la France ont longtemps confirmé cette théorie.

Une nouvelle méthodologie de travail : Paris Calling, un projet britannique sur le paysage de l'art contemporain français

Les spécificités et les contrastes entre la France et le Royaume-Uni en matière d'art contemporain ne peuvent être plus drastiquement opposés. Jusqu'en 2006 – date de début de l'opération Paris Calling – les liens dans ce domaine étaient pratiquement inexistants entre Paris et Londres. Cette complexité, au sein de l'élargissement des identités européennes, au sein d'un contexte culturel international de plus en plus riche, ont amené l'Ambassade de France à Londres et Culturesfrance à inventer un nouveau modèle pour tenter l'expérience de croisements franco-britanniques sur un sujet qui est vécu, par chacun des deux pays, comme un vecteur économique et culturel essentiel à son développement.

Au-delà de son aspect événementiel, Paris Calling - qui a débuté fin 2003 - a avant tout permis de développer d'autres modes de collaboration entre professionnels, artistes et de croiser les expériences et les méthodes de travail. L'Ambassade proposait à chaque directeur de lieu qui le souhaitait de lui organiser un voyage de recherches en France

« sur mesure », en adéquation avec sa politique d'exposition et ses centres d'intérêt. Ainsi 50 professionnels britanniques se sont déplacés en 3 ans, et ont choisi de participer (ou pas) à Paris Calling en fonction du résultat de leurs recherches. Certains ont souhaité s'intéresser aux talents émergents, d'autres avaient d'ores et déjà en tête une collaboration avec un artiste accompli, d'autres encore ont choisi de s'associer à un lieu ou commissaire français pour offrir un regard croisé sur l'art international.

Cette liberté de choix a été déterminante dans l'opération : les professionnels britanniques ont été totalement libres de leur point de vue. À aucun moment l'Ambassade n'a tenté d'influencer les choix des programmateurs afin de s'assurer que la relation qu'ils choisiraient de mener avec les artistes et/ou professionnels basés en France pourrait se développer à long terme. L'objectif n'était donc pas d'organiser une « saison française » au Royaume-Uni mais de créer un événement britannique autour du paysage français de l'art contemporain.

Ce fut l'élément fédérateur de ce projet, au-delà des espérances, puisque tous les plus grands lieux d'art contemporain britanniques, qui se désintéressaient largement de la scène française jusqu'à présent, se sont laissés convaincre par l'honnêteté de la démarche.

Les éléments budgétaires et les chiffres ci-dessous montrent l'investissement dont chaque professionnel britannique a fait preuve puisque la majeure partie du budget (61 %) a été apportée par les lieux britanniques eux-mêmes :
Budget total : 1 564 451 euros
Fonds publics français : 23 %
Fonds publics anglais : 3 %
Fonds privés français et anglais : 13 %
Apports des 23 musées et galeries britanniques : 61 %
72 articles de presse ont couvert l'événement dont 37 articles dans la presse britannique et 35 articles dans la presse française. Cinq expositions ont été classées dans le « TOP 5

des expositions à ne pas manquer » du Times. 121 artistes ont été exposés et 45, seulement, résidaient en France. Enfin, 18 nationalités étaient représentées.

L'objet de Paris Calling n'était pas de « mettre en valeur » l'art français, mais il s'agissait de créer des liens entre des milieux qui ne se parlent pas, en évitant de tomber dans le jugement de valeur facile et systématique. Les acteurs du projet n'ont en aucun cas cherché à comparer la création des deux pays. Ce fut le point central et fédérateur : cet exercice supposait avant tout une ouverture d'esprit et un oubli partiel de ses propres référents nationaux.

Une des spécificités du contexte britannique est de rejeter toute initiative en matière culturelle provenant des pouvoirs publics. Dès le départ, tout en étant émis par un service d'ambassade et sans renier cet état de fait, il a fallu développer pour ce projet une stratégie afin de « gommer » tout sentiment de culture officielle ou nationale.

De ce point de vue, la constitution de la Charity Paris Calling a permis d'arrondir les angles. D'une part parce que son identité était de droit privé et britannique ; et d'autre part parce qu'elle a permis de réunir un conseil d'administration de directeurs français et britanniques. Le partage des tâches était donc maximal, et il ne s'agissait clairement pas du cas de figure standard d'un pays qui essaie de vendre sa culture à un autre, mais bel et bien d'un projet britannique sur le milieu de l'art français. La charity fut très rapidement l'interlocuteur unique de tous les participants de Paris Calling et le principal gestionnaire de l'opération (les fonds publics français, les fonds publics anglais et les fonds privés français et anglais étaient réunis sous la même autorité).

En 2007 plus de 25 expositions d'artistes français ou résidant en France ont eu lieu à Londres – aussi bien de jeunes artistes que des artistes plus confirmés, dans des structures de toute taille, privées ou publiques, ayant participé à Paris Calling ou non. Ce chiffre était proche de 0 en 2005. À en croire le retentissement de Paris Calling dans les milieux londoniens, la corrélation entre l'événement et le nombre d'expositions françaises qui ont eu lieu depuis, l'objectif principal de cette opération – créer des relations entre les milieux français et britanniques – a été atteint.

Par ailleurs, la Charity Paris Calling existe toujours, et les membres de son conseil d'administration souhaitent continuer à mener des initiatives franco-britanniques sur d'autres territoires : certains trustees souhaitent organiser une saison franco-britannique à Berlin, New York ou sur la côte ouest des Etats-Unis. Il ne s'agit plus d'une relation « face à face » mais « côte à côte ».

De nos jours, défendre son pays et sa propre culture ne signifie pas qu'il faut les placer sur un piédestal. La culture et les œuvres sont diffusées internationalement, sans référence systématique à leur pays d'origine. On peut peut-être percevoir de grandes lignes communes dans la production artistique de certaines zones du monde (liées à des contextes politiques par exemple), mais certainement pas réduire la culture à une affaire de nationalité. En ce sens, l'action culturelle extérieure ne passe plus par la défense des artistes « français », ni par l'exportation d'une image prestigieuse de la France dans le monde, mais par la création de nouveaux modes de relation, et par une mise en valeur de ce que le territoire français apporte à la diversité culturelle et à la richesse des échanges internationaux.

Être directeur d'Alliance française

André de Bussy

L'histoire de l'Alliance Française en Chine est ancienne dans la mesure où les premiers comités apparurent à la fin du XIXe siècle, quoique dotés de très peu d'adhérents ; ainsi 20 adhérents sont comptabilisés à Canton, Pékin, Tianjin et Shanghai, où une école gratuite est ouverte en 1886 et reçoit de Paris des livres de prix et des médailles. Les premières grandes Alliances Françaises en Asie sont le fait de Pondichéry, Saigon et Hanoi. L'Alliance Française de Shanghai se réorganisa en 1903 et redevint un comité en 1913. Des « délégations » furent créées à Tianjin, Hanzhou, Pakhoï en 1909, à Pékin en 1914. L'activité principale consiste essentiellement à un appui à deux établissements scolaires. Mais la guerre sino-japonaise désorganisa le réseau. Après 1937, les Alliances Françaises disparaissent progressivement de Chine. L'Alliance Française de Shanghai ferme peu après 1951, année où elle comptait encore 300 étudiants.
Lui succéda l'Alliance Française de Hong Kong, fondée en 1953. Celle-ci connut un réel succès : de 300 étudiants à 1300 en 1965. L'Alliance Française de Macao de son côté est créée en 1967. La même année, trois grandes Alliances dominent le paysage en Asie et dans le monde : Bangkok (1500 élèves), Hong Kong (1800) et Pnom Penh (2000).

À partir de 1989, impulsée par l'Alliance Française de Hong Kong et l'Alliance Française de Paris, au moment où les autorités chinoises souhaitaient ouvrir le champ éducatif à une coopération avec les pays étrangers, s'ouvrit une phase nouvelle qui permit de nouveau la création d'Alliances Françaises, sur la base d'un statut original et propre à la Chine, celui des Écoles de coopération en partenariat avec des Universités chinoises. Cette ouverture progressive fut favorisée également par l'aide de mécènes de Hong Kong qui permirent la création des alliances de Canton (1989), Shanghai (1993) et Pékin (1996), puis Wuhan (2000). Ont été ouvertes les AF de Nankin (2002) et Chengdu (2003), Xian (2004), Dalian (janvier 2005). En 2006, s'est ouverte la 11e alliance de Chine, « l'Alliance Française du Shandong », simultanément installée à Jinan et Qingdao ; en 2008, celles de Hangzhou (Zhejiang) et Chongqing ; en 2009, celles deTianjin et Shenyang (Liaoning).

I. Le réseau Alliance française en Chine aujourd'hui et ses particularités
L'excellence des relations France Chine

Dans la relation bilatérale, il faut noter la reconnaissance de la République populaire de Chine en 1964 par le Général de Gaulle, avant les autres pays occidentaux. Une bienveillance mutuelle particulière est à noter dans les discours officiels, dont témoignent les visites présidentielles en 2007 et 2008. Ainsi, cette tradition de bonnes relations confère une préférence de traitement, étant donné qu'en dehors des centres culturels procédant d'accords diplomatiques (Centre Culturel Français, British Council, Goethe Institut, Instituto Cervantes tous situés à Pékin), l'Alliance française est le seul réseau autorisé en Chine. Par ailleurs, des similitudes dans la notion d'excellence culturelle, commune aux deux pays, sont souvent mises en exergue, qu'il s'agisse d'histoire, de patrimoine, de gastronomie, de littérature, de musique ou de beaux arts.

Enfin, divers événements ont renforcé les relations culturelles ente les deux pays, des deux « années croisées » France-Chine en 2004 et 2005 qui ont eu un impact majeur dans nos relations, jusqu'aux Jeux Olympiques de 2008 qui ont permis d'associer l'AF à travers la réalisation d'un livret en français et la formation de personnels.

Des différences dans l'approche des choses

Une incompréhension fréquente, liée à notre façon de gérer nos affaires, n'en subsiste pas moins. L'inégalité dans la connaissance de la langue entre nos deux pays est très visible (entre les Chinois francophones et les Français sinophones). Toute une série de difficultés existent dans la communication qui ressortent à la bonne connaissance des codes dans la négociation, à l'absence du « non » dans la communication, à la notion de contrat très différente, à la présence d'un double niveau de décision avec les responsables du Parti Communiste...

Les négociations sont compliquées quand on souhaite le montage de projets culturels où tout est constamment négocié, marchandé. L'offre culturelle varie aussi vite que le reste du pays, et une offre qui aurait été acceptable il y a 5 ans, ne l'est plus aujourd'hui. En clair, un orchestre régional aurait pu jouer à Pékin il y a 5 ans ; aujourd'hui, il a très peu de chances d'être sélectionné car il sera concurrencé par les grands orchestres internationaux.

II. Le statut particulier des AF en Chine

Il s'agit sur le plan juridique (la liberté d'association n'existant pas), d'un statut qui s'avère être celui des Écoles de coopération sino-étrangère, régies par un règlement de 2003. Celles-ci, de fait, sont des établissements de coopération intégrés aux universités chinoises partenaires qui leur donnent la personnalité morale et juridique. Une convention de 10 ans est donc généralement signée entre la Fondation Alliance Française et une Université chinoise. Un comité de gestion bi partite est créé, qui se réunit 2 fois par an, pour administrer l'ensemble. Ces Écoles peuvent être soumises à des audits de l'administration chinoise. Les personnels français invités comme experts techniques sont recrutés par l'Université qui leur délivre contrat de travail et visa pour un an.

Ainsi ce partenariat avec une université facilite la coopération universitaire dans son ensemble. Les pouvoirs du comité de gestion sont ceux d'un conseil d'administration, mais qui n'intervient pas dans la micro gestion, dans la mesure où il ne se réunit que 2 fois par an. La direction est donc bicéphale, directeur chinois et directeur français, le premier avec des responsabilités administratives, le second davantage gestionnaire et animateur du volet linguistique et culturel. Il faut noter les difficultés qui peuvent se présenter à ces directeurs français d'Alliance Française, parfois isolés, contraints à cumuler les fonctions de directeur d'établissement, de correspondant du Consulat, de la Mission Économique, de la Coopération universitaire dans des villes importantes, où ils sont, bien souvent, la seule représentation française, voire européenne ; sans compter aussi la complexité de la mission culturelle lorsqu'il faut soumettre tous les projets à un comité provincial de la censure. De plus la brièveté des missions de 3 ans du directeur français, face à un directeur chinois quasi permanent qui assure la mémoire de l'entreprise, dans un pays où la confiance se gagne avec le temps et où les codes sont si difficiles à déchiffrer, s'avère un autre handicap. Aussi il résulte de toutes ces contraintes la nécessité d'instruments tels que la lettre de mission, le projet d'établissement, le rapport de mission et des indicateurs de performance.

III. Les Alliances et leurs atouts pédagogiques et culturels

Tout d'abord la convivialité des lieux a été particulièrement soignée. Un gros effort a été fait pour que les AF de Chine soient des établissements modernes (notamment sur le plan des bibliothèques-médiathèques) et accueillants, véritables vitrines de la France. De plus, un effet de réseau a été développé afin d'éviter que les directeurs soient isolés dans cet immense pays. Ils se retrouvent au moins deux fois par an sous la houlette de la Délégation générale pour échanger sur leurs missions, leurs expériences de terrain et trouver ensemble les solutions à leurs problèmes. De plus ils établissent ensemble leur programmation culturelle, les stages de formation professionnelle, les programmes d'enseignement.

Adaptation des AF à la demande chinoise dans le Français Langue Étrangère (FLE)

La marque AF est tellement reconnue qu'elle est à présent copiée, ce qui est une preuve de sa notoriété. Le marché du FLE en Chine connaît une croissance non négligeable, même si l'anglais progresse davantage. Mais la place des AF sur ce marché est bonne en raison de plusieurs facteurs : le nombre d'étudiants chinois voulant étudier en France, les entreprises chinoises s'installant dans des pays francophones, notamment en Afrique, et, sur le plan pédagogique, la réputation de l'AF due à sa grande réactivité à travers la diversité de ses formations proposées. Ainsi les AF de Chine sont capables d'offrir une gamme très large de formations et leur présence dans des grandes capitales régionales les rend incontournables. Citons à ce titre la professionnalisation des personnels où un gros investissement est réalisé (enseignants, personnels administratifs, médiathécaires), l'adaptation de l'enseignement au Cadre Européen Commun de Référence, la qualité des médiathèques des Alliances qui servent de lieu de présentation et de promotion de l'actualité et la culture françaises. Ainsi, en 2007, 23 223 étudiants différents sont passés dans les Alliances chinoises (2 761 993 d'heures vendues).

Adaptation des AF à la demande chinoise dans le domaine culturel

Les Alliances servent aussi de relais culturel dans l'ensemble du pays. Le fait d'organiser des tournées (dont le Quatuor de Bussy, Didier Lockwood, la Cigale de Lyon, l'Orchestre national des pays de Loire) à travers l'ensemble du réseau permet aux artistes et conférenciers d'avoir une approche de l'ensemble du pays, d'accéder au public universitaire mais aussi au grand public. Le bon succès des Alliances dépend donc, aussi, de notre capacité à donner aux Chinois des raisons actuelles d'aimer et d'apprendre à connaître notre culture et celle des pays francophones, de notre capacité à multiplier des occasions de rencontres et de création entre d'une part la culture française et d'autre part la culture chinoise que nous devons reconnaître à part entière. À ce titre, la coordination avec la programmation du service culturel de l'ambassade peut se révéler délicate car les attentes ne sont pas forcément les mêmes (exemple le Festival « Croisements » où tous les efforts se portent sur une courte période de deux mois, alors que les Alliances couvrent l'ensemble de l'année avec des programmes qui pénètrent davantage les milieux jeunes et étudiants). De plus, les exigences de certains programmes de l'ambassade répondent à une programmation parisienne de prestige qui n'est pas forcément adaptée aux attentes du public des Alliances de Chine.

De nouvelles perspectives

Tout d'abord de nouveaux partenaires français de l'Alliance peuvent apporter leurs concours. Ainsi la coopération décentralisée peut constituer une occasion de partenariat quand, par exemple, la Région des Pays de la Loire et de la Province du Shandong établissent une coopération. Les régions trouvent ainsi leur place dans les provinces chinoises et peuvent faire « tourner » leur programme culturel dans un réseau qui leur offre une large ouverture sur tout le pays. Les Assises de la coopération décentralisée à Bordeaux en novembre 2007 ont renforcé ce sentiment et ces liens. D'autres formes de coopération existent telles celles entre Hangzhou et la ville de Nice où, dans le cadre du jumelage entre la ville de Hangzhou et la ville de Nice, l'Alliance française de Nice et la future Alliance française de Hangzhou ont déjà commencé à collaborer. De même, un partenariat des Universités Sophia Antipolis et de l'Université du commerce de Hangzhou (partenaire de l'Alliance française) est déjà amorcé.

Les AF de Chine offrent donc le spectacle d'une bonne intégration dans la société chinoise qui devrait leur permettre de mener à l'avenir des actions d'ordre économique, scientifique, technique sur le terrain.
Elles peuvent accompagner une programmation culturelle plus souple, moins coûteuse et beaucoup plus proche des attentes du public chinois, en associant notamment leurs partenaires. Mais l'exemple chinois, comme mode d'une coopération pragmatique dictée par les contraintes juridiques mais aussi politiques de la Chine, ne peut pas nécessairement se répéter ailleurs. Mais dans cette capacité à s'adapter à un terrain local, l'Alliance Française révèle là ses traditionnels et incomparables atouts de souplesse et de dynamisme.

Être sur le terrain :
le rôle d'un ancien ambassadeur

André Lewin

Ancien ambassadeur de France en Guinée-Conakry, en Inde, en Autriche, au Sénégal et en Gambie
Ancien commissaire général des Années France-Brésil

La culture est devenue l'un des vecteurs de rayonnement importants dans le monde actuel. Au moins autant, et peut-être plus, que la force des armes, le poids démographique ou la puissance économique. C'est ce que certains appellent "soft power". La France pour sa part, sans négliger les autres facteurs d'influence, a fait très tôt de son action culturelle l'un des instruments de sa dimension internationale, et je pense que les diplomates, en particulier les ambassadeurs, ne doivent en aucun cas négliger cet élément capital de leur tâche et de leur fonction. Peu d'autres pays ont autant que nous axé une part importante de leur effort sur cet aspect de leur personnalité. Parmi les pays modestes par leur population ou leur poids économique qui ont fait le même choix, on peut citer l'Autriche ; ou encore un pays qui a une tout autre dimension, l'Inde, mais qui joue aussi aujourd'hui sur d'autres tableaux, comme celui de la technologie et du développement économique.

Et puis, nombreux sont les pays qui ont créé des institutions semblables à nos Alliances françaises, qui sont aujourd'hui au nombre de 1.081 dans 135 pays : le British Council pour le Royaume-Uni (235 centres dans 110 pays), le Goethe Institut pour l'Allemagne (plus de 100 Instituts dans 78 pays), la Fondation et les centres Gulbenkian ainsi que l'Institut Camoëns pour le Portugal et les pays lusophones, les instituts Cervantès pour l'Espagne et les pays ibériques (67 centres dans 40 pays), l'association Dante Alighieri pour l'Italie (400 comités dans 60 pays), la fondation Pro Helvetia pour la Suisse, et depuis 2004 les instituts Confucius pour la Chine. Et puis bien sûr, il y a les instituts et les centres culturels, les écoles et les lycées français. En ce moment par exemple, nous sommes quelques-uns à essayer de relancer le Lycée français de Pondichéry, l'un des plus anciens établissements français, créé en 1826, afin d'en faire dans le Sud de l'Inde une institution dont les élèves pourront être utiles aux sociétés françaises qui de plus en plus nombreuses s'implantent en Inde et aux sociétés indiennes intéressées par la France ou l'Afrique francophone, et ont besoin de collaborateurs parlant le français, l'anglais, et au moins d'une langue indienne.

C'est d'ailleurs l'Inde qui a été, sous Indira Gandhi, le pays qui a lancé la mode des « Années », avec, à partir de 1985, l'Année de l'Inde au Royaume-Uni, puis en France, puis dans bien d'autres pays. En réponse, nous avons lancé l'Année de la France en Inde, en 1989/90, à cheval sur la commémoration du bicentaire de la Révolution et le centenaire de l'ancien Premier ministre Nehru. J'étais ambassadeur à Delhi à cette époque, et j'y reviendrai dans un instant. Et j'ai eu la chance, dans les années 1985/87, d'être Commissaire général des Années France-Brésil.

La France s'est approprié la formule des Années, et les a depuis lors multipliées, sous ce nom-là ou sous des appellations différentes et parfois plus modestes, dans le sens de l'accueil et dans celui de l'envoi, séparées dans le temps, mais souvent simultanées, ou parfois consécutives. On citera notamment : Les Années France-Brésil (1986-89), suivies de Brésil-Brésils (2005) et ultérieurement d'une Année de la France au Brésil (2008-2009); Année France-Danemark (1987); Années croisées France-Japon (1997-99); Années France-Égypte Horizons partagés (1997-98); Année de l'Algérie (2003); Années croisées France-Chine (2003-05); Année de l'Arménie-Arménie mon amie (2007), cependant que se préparent "La France fête 4 siècles de Québec" (2008), la Saison turque en France (2009/2010), les Années croisées France-Russie (2009-2010), ou le Festival Afrique du Sud en France (2010). L'année 2008 verra la célébration du 150ème anniversaire de l'établissement des relations diplomatiques entre le Japon et la France, comme 2006 a vu "La Corée au coeur" commémorer les 120 années de relations diplomatiques entre Séoul et Paris.

Parallèlement furent organisées des manifestations parfois plus restreintes en dimension ou en durée, mais fondées sur une égale volonté politique, comme la Saison tunisienne (1994-95), le Temps du Maroc et le Printemps du Québec (1999), la Quinzaine Islandaise (2004) et "Pourquoi Pas ?", un Printemps français en Islande (2007), Nova Polska (2004), Étonnante Lettonie (2005) et un Printemps français en Lettonie (2007), Haut les Pays-Bas (2007), le festival finlandais (2008), etc.

Les anniversaires sont évidemment d'excellentes occasions pour donner un nouvel élan à des relations bilatérales anciennes, parfois même pour effacer des malentendus : les liens entre les États-Unis et la France, quelque peu malmenés au cours des années récentes, et l'image de la France chez les Américains, ont bénéficié sans nul doute des manifestations organisées en 2007 dans les deux pays pour le 250ème anniversaire de la naissance de La Fayette, souvent appelé Outre-Atlantique "Notre Marquis". Et le président Nicolas Sarkozy s'est fait accompagner lors de sa première visite officielle à Washington par M. Henri Loyrette, président directeur du Musée du Louvre, et M. Guy Savoy, chef illustre, ce qui montre bien que l'art et la gastronomie font partie de la culture française au sens le plus large.

Les projets dont j'ai parlé sont riches en général de plusieurs centaines de manifestations, réparties entre les capitales et les régions (460 pour Brésil Brésils, 400 dans chaque pays pour les Années France-Chine, 500 pour l'Année de l'Arménie). Ils mobilisent des centaines d'artistes, de chercheurs, d'universitaires, de créateurs, d'entrepreneurs. Il s'agit de culture sous toutes ses formes, coopération universitaire, scientifique, technologique et industrielle, sports, philatélie, mode, gastronomie, architecture, rien de ce qui est humain, pour paraphraser Goethe, n'est étranger à cette "diplomatie événementielle".

On gardera en mémoire par exemple les écoles brésiliennes de samba descendant les Champs Élysées (ou, pour un défilé d'un genre différent, des militaires brésiliens associés sur les mêmes Champs Élysées à la célébration du 14 juillet 2005 en présence des présidents Lula et Chirac), l'arrivée à Rio de Janeiro en novembre 1986 à bord du paquebot "Mermoz" de la maquette originale du fameux Christ du Corcovado sculpté par Paul Landowski et qui domine la baie, François Mitterrand et Rajiv Gandhi littéralement perdus dans la foule des 1.700.000 Indiens rassemblés sur les plages de Bombay pour voir se dérouler au large le spectacle "La Rencontre" qui utilisait les technologies les plus sophistiquées comme les projections sur mur d'eau, le feu d'artifice chinois tiré au Château de Versailles, la pièce "1789" d'Ariane Mnouchkine montée par les élèves du Lycée français de Pondichéry, la beauté des créations en soie indienne au cours d'un défilé d'Yves Saint-Laurent dans un jardin moghol à Delhi, la publication par l'Imprimerie Nationale de 59 fables de La Fontaine illustrées par un miniaturiste indien du début du $19^{\text{ème}}$ siècle et fortuitement découvertes aux Archives de Château-Thierry, Charles Aznavour en concert à Erivan en présence des présidents Jacques Chirac et Robert Kotcharian, des éléphants aux flancs peints aux couleurs tricolores défilant dans les ruelles de Bénarès, ou une dégustation de fromages français pour lancer une "joint venture" laitière entre la Normandie et l'Inde...

Ce genre de projet ne peut concerner, de toute évidence, que des pays d'un certain niveau de développement, d'une grande plénitude et d'une réelle diversité culturelle, d'une relative densité sur le plan international, dotés déjà d'une expérience réciproque et d'un patrimoine historique commun et relativement équilibré. Il faut la ferme et commune volonté de redresser les clichés réciproques, de moderniser l'image et de mettre les relations de coopération sous le signe de la créativité. Il faut disposer d'un réseau de liens et de communautés de ressortissants, de centres universitaires et d'entreprises déterminés à jouer pleinement leur rôle dans une telle opération. Il faut que les médias des deux pays se mobilisent. Pour que naisse et réussisse une telle ambition, il faut enfin la volonté de deux gouvernements convaincus de l'intérêt politique et humain d'une telle tâche sans que puissent s'en formaliser d'autres partenaires. Les chefs d'État ont la plupart du temps procédé eux-mêmes aux inaugurations ou aux clôtures.

Sur le plan des structures, ces projets ont de nombreux points communs : dans chaque pays un commissaire général (dont le choix est capital pour la réussite) et autour de lui une véritable équipe, un comité mixte d'organisation, un comité de patronage (où se retrouvent services de l'État, collectivités territoriales et mécènes), et enfin des réseaux mobilisés. En France, ce sont en général le ministère des Affaires étrangères (Direction générale de la coopération internationale et du développement) et celui de la culture et de la communication, et assurément les ambassades, les centres culturels, les Alliances Françaises, l'élément central étant CulturesFrance (ex-Association française d'action artistique ou AFAA). Bien entendu, la Maison des Cultures du Monde en est l'un des partenaires actifs.

Sur le plan financier, ces événements mobilisent obligatoirement des montants importants, provenant principalement des budgets publics : ministère des affaires étrangères notamment via CulturesFrance et la DGCID, ministère de la Culture et de la Communication, ministère de l'Économie, des Finances et de l'Industrie (et plus particulièrement commerce extérieur), Alliances françaises, etc., mais la part du mécénat des entreprises publiques et privées est importante elle aussi, de même que celle des collectivités locales (Régions, départements, communes...).

À titre d'exemple, le coût de l'Année de la France en Inde a pu être estimé à 97 millions de francs de l'époque, dont 25 environ assumés par la partie indienne (accueil des artistes, fonctionnement des colloques, etc.). Du côté français, les dépenses (72 millions de francs environ) furent prises en charge par une quinzaine de ministères ou d'organismes publics (pour près de 42 millions, dont 27 par le ministère des Affaires étrangères, 6 par le ministère du Commerce extérieur, près de 4 par le Secrétariat d'État aux grands travaux, 1,5 par l'ACTIM, 1,3 par le ministère de la Culture), 20 millions à titre de mécénat par 41 entreprises françaises des secteurs public et privé, et 10 millions enfin par les industriels eux-mêmes pour des projets liés à leurs propres activités.

Au regard de la dépense de 72 millions de francs engagée pour cette opération de relations publiques à l'échelle nationale, on peut considérer le chiffre des contrats divers signés au cours de cette même année par des entreprises françaises : 7, 5 milliards de francs. Beaucoup de ces projets, parmi lesquels les plus importants, ne durent d'être signés qu'à l'atmosphère particulièrement propice créée en faveur de notre pays par la tenue de cette Année et les visites officielles qui l'accompagnèrent. Il n'est évidemment pas possible de mesurer l'impact d'un tel "Événementiel" par ses seules retombées commerciales immédiates, force est néanmoins de constater que l'année 1989 a été exceptionnelle dans nos échanges ; ainsi que l'a écrit à cette occasion le correspondant du "Monde", "la France devient l'un des grands partenaires industriels de l'Inde". Mais c'est évidemment sur l'impact à long terme qu'il faut juger de la véritable réussite d'une opération de cette envergure.

De l'avis de l'auteur, qui a eu la double (et très positive) expérience des Années France-Brésil et de l'Année de la France en Inde, il est utile, voire indispensable, que quelques années après une première série de manifestations, il y ait un projet de même nature, une "piqûre de rappel" en quelque sorte, pour manifester politiquement et culturellement une volonté de continuité. C'est ce qui a eu lieu tant pour le Brésil (les Années France-Brésil en 1986-89, suivies de Brésil Brésils en 2005) que, plus modestement, pour l'Inde (Années de l'Inde en France en 1985-86, puis de la France en Inde en 1989-90, suivies en 2003 d'une Saison française en Inde).

Bien entendu, il ne faut pas disperser les efforts, bien choisir les pays partenaires, déterminer les priorités politiques, culturelles et économiques, sélectionner un programme de grande qualité touchant un vaste public à travers le territoire, bref, ne pas oublier que trop d'événementiel tue l'événementiel.

Mais une fois ceci admis, l'événementiel est bien devenu, en quelques années, un mode essentiel de ce que l'on commence à appeler la diplomatie publique.

Au cours de ma carrière d'ambassadeur, et je pense et j'espère que c'est le cas de tous mes collègues, je me suis beaucoup investi dans l'action culturelle, en plein accord évidemment avec tous les collaborateurs et les services qui en étaient chargés en première ligne, de même d'ailleurs que je ne me suis jamais désintéressé des problèmes commerciaux, économiques et financiers, non plus que des questions militaires, etc. L'action diplomatique n'est bien sûr pas cantonnée aux affaires politiques, et il y a bien longtemps aussi – et heureusement – que le rôle des ambassadeurs n'est plus de chercher des princesses ou des princes pour consolider par des unions matrimoniales les liens entre deux pays.

Bien entendu, les ambassadeurs doivent refléter le rôle que l'État joue dans la vie culturelle, et pour la France il est éminent ; mais il est certain qu'ils doivent également encourager les initiatives privées, celles des collectivités locales, celles des mécènes. Pour autant, je ne tiens pas à entrer dans la querelle que certains ont entamée à l'encontre des chefs de poste qui passeraient leur temps à participer à des réceptions sans rien réaliser de concret. Je n'en ai pas connu. Et je voudrais signaler que l'un de mes très anciens collègues, Albert Chambon, a publié voici déjà près d'un demi-siècle un ouvrage corrosif intitulé "Mais que font donc ces diplomates entre deux cocktails ?", qui démontrait qu'il restait entre deux cocktails suffisamment de temps pour abattre un travail considérable et utile.

Les auteurs

Paul Ardenne est maître de conférences en histoire de l'art à l'université d'Amiens. Il a publié *Esthétiques de la limite dépassée* (Flammarion, 2006) et *Un art contextuel* (Flammarion, 2002).

François Chaubet est maître de conférences à l'université de Tours et chercheur au centre d'histoire de Sciences-Po.

Sophie Claudel a été attachée culturelle à l'ambassade de Londres.

André de Bussy est délégué général de l'Alliance Française en Chine.

Jean-Michel Frodon est ancien rédacteur en chef des *Cahiers du Cinéma*.

Michèle Gendreau-Massaloux est ancienne rectrice des universités de Paris ainsi que de l'Agence universitaire pour la Francophonie.

André Lewin est diplomate et a été notamment ambassadeur en Inde et au Brésil.

Guy Lochard est professeur à l'université de Paris III. Il a publié notamment *Les débats télévisuels dans les télévisions européennes* (L'Harmattan, 2006).

Alain Lombard est administrateur civil et ancien sous-directeur au ministère des Affaires étrangères. Il a publié *Politique culturelle internationale. Le modèle français face à la mondialisation* (Actes Sud, 2003).

Antoine Marès est professeur à l'université de Paris I. Il a publié notamment *Histoire et pouvoir en Europe médiane* (L'Harmattan, 1996) et *La culture et l'Europe, du rêve européen aux réalités* (Institut d'études slaves, 2005).

Laurent Martin est chercheur au Centre d'Histoire de Sciences Po. Il a publié notamment *Jack Lang. Une vie entre culture et politique* (Éditions Complexe, 2008)

Jean-Yves Mollier est professeur à l'université Versailles Saint-Quentin et spécialiste de l'histoire de l'édition. Il a publié notamment *Édition, presse et pouvoir en France au XXe siècle* (Fayard, 2009) et *Louis Hachette 1800-1864. Le Fondateur d'un empire* (Fayard, 1999).

Brigitte Proucelle est ancienne attachée culturelle à Tokyo.

Denis Rolland est professeur à Sciences-Po Strasbourg et membre de l'IUF. Il a publié notamment *La crise du modèle français. Marianne en Amérique Latine* (PUR, 2000) et *Louis Jouvet et le théâtre de l'Athénée 1939-1945 Promeneurs de rêves en guerre* (L'Harmattan, 2000).

Lucien Scotti est directeur des affaires européennes et internationales à la Bibliothèque nationale de France.

Marie Monique Stekel est présidente du comité de l'Alliance française de New York.

André Siganos dirige l'agence gouvernementale ÉduFrance.

Francis Vérillaud est directeur des affaires internationales et des échanges à Sciences-Po.

Table des matières

Sommaire 5

Préface 7

Introduction 11

I. Acteurs 17

Les acteurs de l'action culturelle extérieure 19

   I. Les pilotes : un ministère des Affaires étrangères en pleine réforme 20

   II. Les opérateurs : vers une agence culturelle extérieure ? 24

   III. Le réseau culturel extérieur : une crise endémique 27

Entre protectionnisme et ouverture sur le grand large : la politique culturelle extérieure conduite par Jack Lang entre 1981 et 1993 33

   I. De nouveaux moyens au service de nouvelles ambitions 35

   II. Anti-impérialisme ou anti-américanisme ? 38

   III. Les "zones de solidarité" 41

   IV. L'Europe, l'exception culturelle et les industries culturelles 44

L'Alliance Française (1980-2006) : une réussite discrète 53

   I. Une modernisation réussie de ses méthodes d'action 54

      Professionnalisation des activités autour de l'enseignement 54

      Décloisonnement des activités culturelles 58

      Redéploiement géographique 59

II. Les relations avec le MAE *61*
   Le rapprochement des deux réseaux *61*
   Frottements locaux *62*

III. Forces et faiblesses pour l'avenir *63*
   Problèmes de la place du français dans les systèmes d'enseignement *63*
   Faiblesses matérielles du réseau de l'Alliance Française *64*
   Forces d'un réseau mondial décentralisé *65*

L'AUF et la coopération universitaire francophone 69

   I. Historique de l'AUF *70*

   II. L'AUF et son dispositif d'action *73*

D'ÉduFrance à CampusFrance (1998-2008)
Agence de services ou instrument d'une politique publique ? 79

   I. 1998-2002 : Politique publique ou création d'une marque : l'échec partiel du premier GIP. *80*

   II. 2002-2006 : Une reconnaissance durement acquise *85*

   III. 2007-2008 : d'ÉduFrance à CampusFrance *88*

   Conclusion *90*

II. Domaines 93

Le livre français à l'étranger de la loi Lang à nos jours 95

   I. L'exportation du livre français à l'étranger au prisme de statistiques incertaines *98*

   II. Le marché de la traduction, un secteur en pleine évolution *104*

   III. Le marché des DOM-Tom et celui de la Francophonie *107*

La position de la France face à la mondialisation de l'offre artistique 111

   I. L'hégémonie artistique de l'Occident *113*
     Le « modèle » Guggenheim *114*

Les Biennales 116

II. La politique française en matière d'arts plastiques 120

III. Situation récente 123

À l'étranger, promouvoir non seulement le cinéma français, mais l'« idée française du cinéma » 127

I. Structures d'accompagnement du cinéma français à l'étranger 127

II. Remise en question d'un modèle 132

La télévision dans l'action audiovisuelle extérieure de la France : entre tensions et contradictions 135

I. Les grandes étapes 135
   De TV 5… 135
   … à France Monde 138

II. Conception généraliste/conception informative 140

III Une autre « narration du monde » ? 143
   Un autre modèle énonciatif ? 144

La Bibliothèque nationale de France et sa politique extérieure 147

I. La consécration de la vocation internationale de la BnF 148

II. Une nouvelle organisation et la révolution numérique 149

III. Les principaux axes de la politique internationale 150

IV. Les manifestations en France et à l'étranger 151

V. Partenariats et échanges avec les pays francophones et méditerranéens 153

VI. La priorité européenne 154

VII. Le projet de bibliothèque numérique européenne depuis 2006 156

VIII. Les partenariats européens et extra européens 157

IX. La participation aux instances internationales et aux réseaux professionnels *158*

X. L'accueil de professionnels étrangers : stages et séjours ... *159*

Le savoir dans la mondialisation : Sciences Po dans la mondialisation des institutions d'enseignement supérieur **161**

I. Les formes de mobilité du savoir *163*

II. Sciences Po dans la mondialisation de l'enseignement supérieur *166*
    Caractéristiques internationales de Sciences-Po à la fin des années 90 .... *168*
    Mise en œuvre d'une politique internationale du savoir *169*

III. Réalités de terrain **173**

Image et politique culturelle de la France en Europe centrale depuis les années 1980 .... **175**

I. Les héritages *176*

II. La politique de la France depuis 1989 et ce que cela a induit pour son image *182*

III. Le miroir français *191*

Du paradigme culturel au paradigme normal L'image de la France en Amérique latine depuis 1980 .... **197**

1. L'héritage du paradigme culturel ou le paradoxe français : une image dégradée par la démocratisation de la culture en Amérique latine *199*

2. Vers le changement de paradigme : dilution de l'héritage et rejeu par l'exil *207*

3. Vers un paradigme normal : une France de musées ou l'image d'un pays de culture « non active » *215*

Interventions **225**

Diplomatie culturelle au quotidien, ombres et lumières **225**

« Donner à l'autre et recevoir de l'autre » :
l'exemple de la politique artistique à Londres au milieu
des années 2000 menée par l'Ambassade de France 229

Être directeur d'Alliance française..**235**

    I. Le réseau Alliance française en Chine aujourd'hui et ses particularités..*236*

    II. Le statut particulier des AF en Chine...........................*237*

    III. Les Alliances et leurs atouts pédagogiques et culturels....*239*

Être sur le terrain : le rôle d'un ancien ambassadeur.............**243**

Les auteurs **251**

L'HARMATTAN, ITALIA
Via Degli Artisti 15 ; 10124 Torino

L'HARMATTAN HONGRIE
Könyvesbolt ; Kossuth L. u. 14-16
1053 Budapest

L'HARMATTAN BURKINA FASO
Rue 15.167 Route du Pô Patte d'oie
12 BP 226
Ouagadougou 12
(00226) 76 59 79 86

ESPACE L'HARMATTAN KINSHASA
Faculté des Sciences Sociales,
Politiques et Administratives
BP243, KIN XI ; Université de Kinshasa

L'HARMATTAN GUINÉE
Almamya Rue KA 028
En face du restaurant le cèdre
OKB agency BP 3470 Conakry
(00224) 60 20 85 08
harmattanguinee@yahoo.fr

L'HARMATTAN CÔTE D'IVOIRE
M. Etien N'dah Ahmon
Résidence Karl / cité des arts
Abidjan-Cocody 03 BP 1588 Abidjan 03
(00225) 05 77 87 31

L'HARMATTAN MAURITANIE
Espace El Kettab du livre francophone
N° 472 avenue Palais des Congrès
BP 316 Nouakchott
(00222) 63 25 980

L'HARMATTAN CAMEROUN
BP 11486
(00237) 458 67 00
(00237) 976 61 66
harmattancam@yahoo.fr

642139 - Février 2016
Achevé d'imprimer par